AF471689

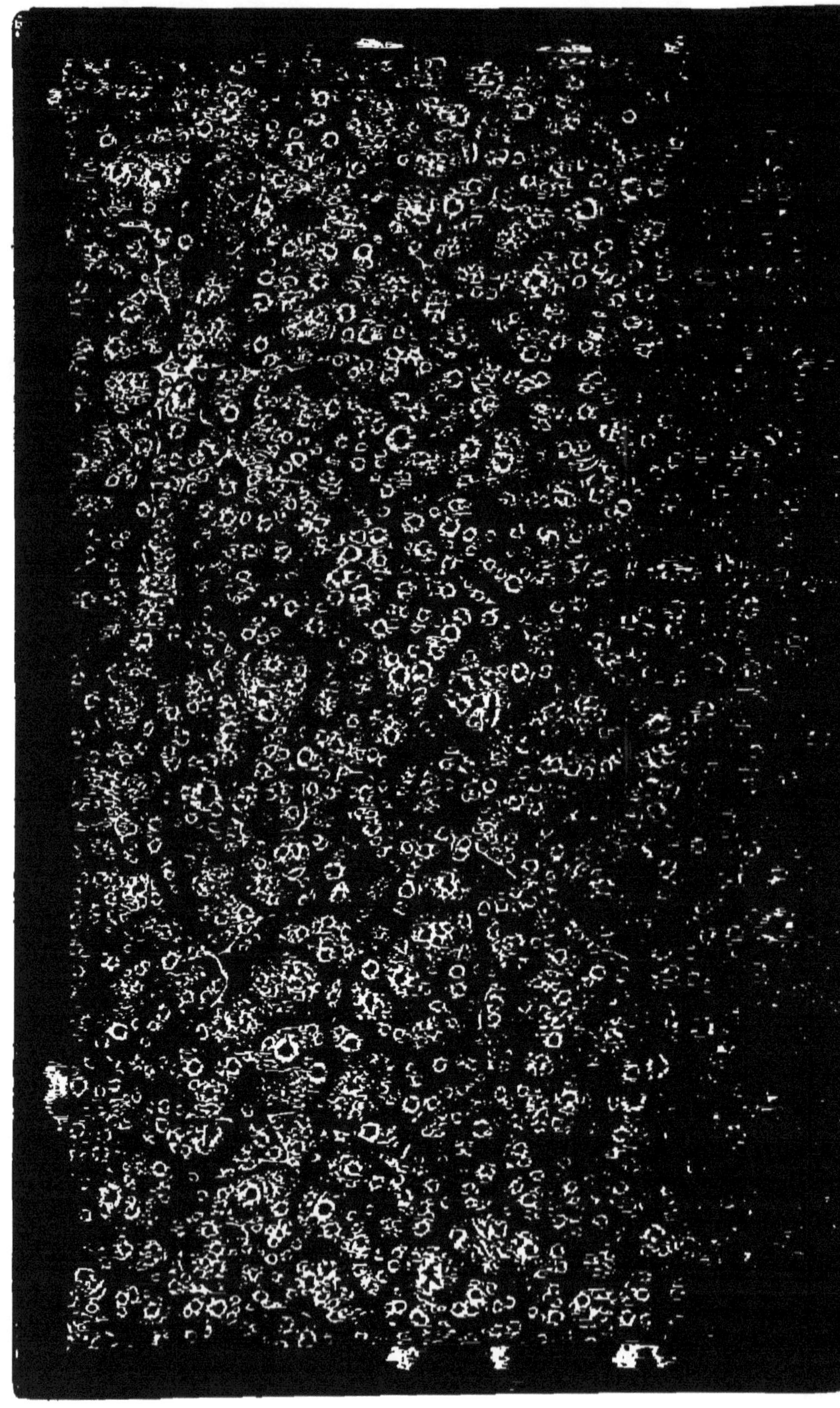

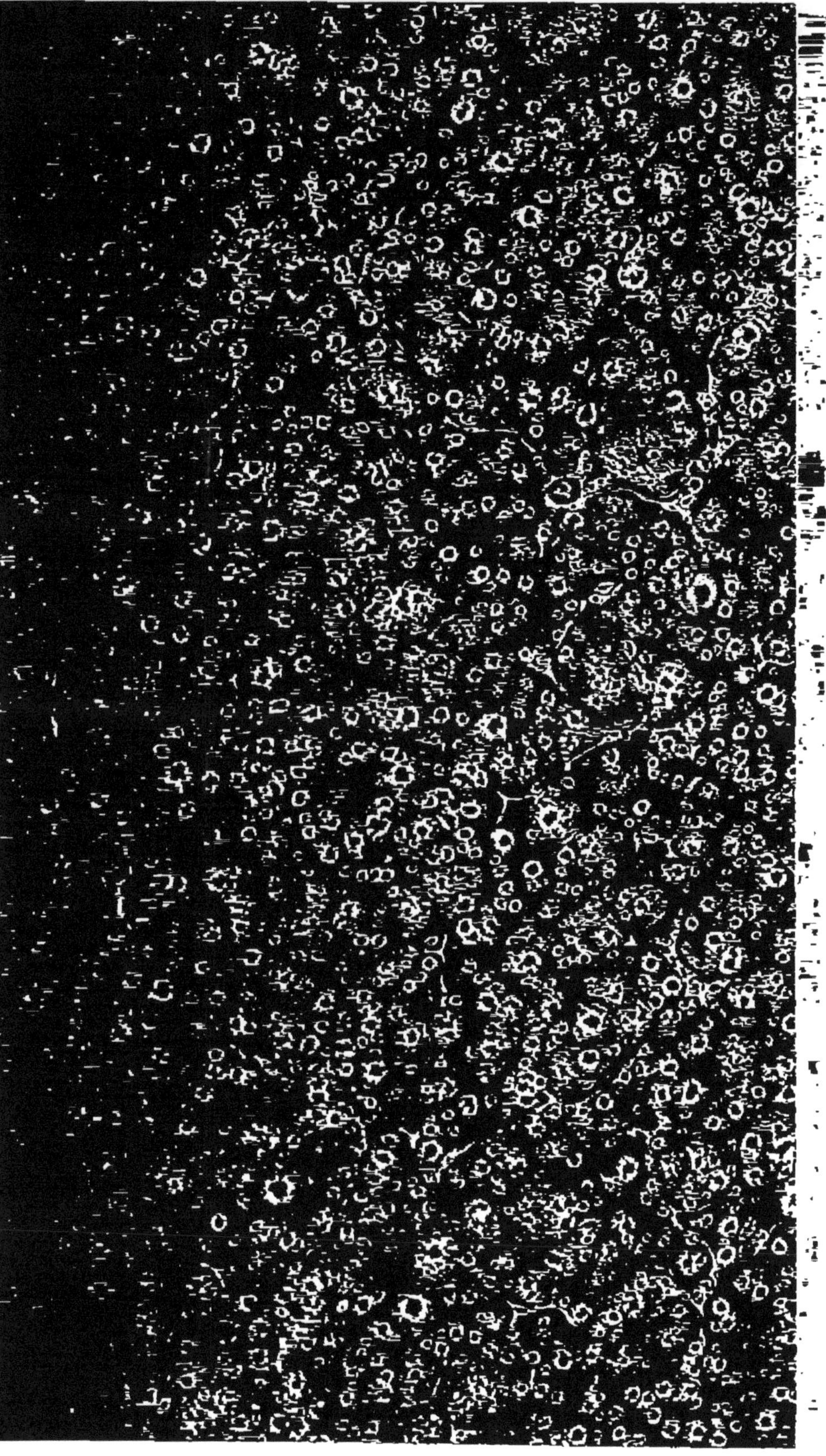

CHOIX D'ORAISONS FUNÈBRES.

IMPRIMERIE DE FIRMIN DIDOT,
RUE JACOB, Nº 24.

CHOIX
D'ORAISONS
FUNÈBRES

DE

FLÉCHIER, MASCARON, MASSILLON, BOURDALOUE, ET LA RUE.

PARIS,

E. DE BURE, LIBRAIRE, RUE GUÉNÉGAUD, N° 27.

M DCCC XXV.

ORAISON FUNÈBRE

DE TRÈS HAUT ET TRÈS PUISSANT PRINCE

HENRI DE LA TOUR-D'AUVERGNE,

VICOMTE DE TURENNE,

PAR FLÉCHIER.

ORAISON FUNÈBRE

DE TRÈS HAUT ET TRÈS PUISSANT PRINCE

HENRI DE LA TOUR-D'AUVERGNE,

VICOMTE DE TURENNE,

MARÉCHAL-GÉNÉRAL DES CAMPS ET ARMÉES DU ROI, COLONEL-GÉNÉRAL DE LA CAVALERIE LÉGÈRE, GOUVERNEUR DU HAUT ET BAS LIMOSIN;

Prononcée à Paris, dans l'église de Saint-Eustache, le 10 janvier 1676.

Fleverunt eum omnis populus Israel planctu magno, et lugebant dies multos, et dixerunt : Quomodò cecidit potens, qui salvum faciebat populum Israel !

Tout le peuple le pleura amèrement ; et, après avoir pleuré durant plusieurs jours, ils s'écrièrent : Comment est mort cet homme puissant qui sauvoit le peuple d'Israël !

1 MACH. 9.

JE ne puis, messieurs, vous donner d'abord une plus haute idée du triste sujet dont je viens vous entretenir, qu'en recueillant ces termes nobles et expressifs dont l'écriture sainte se sert pour louer la vie, et pour déplorer la mort du sage et vaillant Machabée [1] : cet homme, qui portoit la gloire de sa nation jusqu'aux extrémités de la terre; qui couvroit son camp du bouclier, et forçoit celui des ennemis avec l'épée; qui donnoit à des rois ligués contre lui des déplaisirs mortels, et réjouissoit Jacob par ses vertus et par ses exploits, dont la mémoire doit être éternelle.

Cet homme qui défendoit les villes de Juda, qui domptoit l'orgueil des enfants d'Ammon et d'Ésaü, qui revenoit chargé des dépouilles de Samarie, après avoir brûlé sur leurs propres autels les dieux des nations étrangères; cet homme que Dieu avoit mis autour d'Israël, comme un mur d'airain où se brisèrent tant de fois toutes les forces de l'Asie, et qui, après avoir défait de nombreuses armées, déconcerté les plus fiers et les plus habiles généraux des rois de Syrie, venoit tous les ans, comme le moindre des Israélites, réparer avec ses mains triomphantes les ruines du sanctuaire, et ne vouloit d'autre récompense des services qu'il rendoit à sa patrie, que l'honneur

[1] I Mach. c. 3, 4, 5, etc.

de l'avoir servie: ce vaillant homme poussant enfin, avec un courage invincible, les ennemis qu'il avoit réduits à une fuite honteuse, reçut le coup mortel, et demeura comme enseveli dans son triomphe. Au premier bruit de ce funeste accident, toutes les villes de Judée furent émues, des ruisseaux de larmes coulèrent des yeux de tous leurs habitants. Ils furent quelque temps saisis, muets, immobiles. Un effort de douleur rompant enfin ce long et morne silence, d'une voix entrecoupée de sanglots que formoient dans leurs cœurs la tristesse, la pitié, la crainte, ils s'écrièrent : « Comment est mort cet homme puissant qui sau« voit le peuple d'Israël! » A ces cris Jérusalem redoubla ses pleurs; les voûtes du temple s'ébranlèrent; le Jourdain se troubla, et tous ses rivages retentirent du son de ces lugubres paroles : « Com« ment est mort cet homme puissant qui sauvoit « le peuple d'Israël! »

Chrétiens, qu'une triste cérémonie assemble en ce lieu, ne rappelez-vous pas en votre mémoire ce que vous avez vu, ce que vous avez senti, il y a cinq mois? Ne vous reconnoissez-vous pas dans l'affliction que j'ai décrite? et ne mettez-vous pas dans votre esprit, à la place du héros dont parle l'Écriture, celui dont je viens vous parler? La vertu et le malheur de l'un et de l'autre sont semblables; et il ne manque aujourd'hui à ce dernier qu'un éloge digne de lui. O si l'esprit divin, l'esprit de force et de vérité, avoit enrichi mon discours de ces images vives et naturelles qui représentent la vertu, et qui la persuadent tout ensemble, de combien de nobles idées remplirois-je vos esprits, et quelle impression feroit sur vos cœurs le récit de tant d'actions édifiantes et glorieuses!

Quelle matière fut jamais plus disposée à recevoir tous les ornements d'une grave et solide éloquence, que la vie et la mort de très haut et très puissant prince Henri de la Tour-d'Auvergne, vicomte de Turenne, maréchal général des camps et armées du roi, et colonel général de la cavalerie légère? Où brillent avec plus d'éclat les effets glorieux de la vertu militaire, conduites d'armées, siéges de places, prises de villes, passages de rivières, attaques hardies, retraites honorables, campements bien ordonnés, combats soutenus, batailles gagnées, ennemis vaincus par la force, dissipés par l'adresse, lassés et consumés par une sage et noble patience? Où peut-on trouver tant et de si puissants exemples, que dans les actions d'un homme sage, modeste, libéral, désintéressé, dévoué au service du prince et de la patrie; grand dans l'adversité par son courage, dans la prospérité par sa modestie, dans les difficultés par sa prudence, dans les périls par sa valeur, dans la religion par sa piété?

Quel sujet peut inspirer des sentiments plus justes et plus touchants, qu'une mort soudaine et surprenante qui a suspendu le cours de nos victoires, et rompu les plus douces espérances de la paix? Puissances ennemies de la France, vous vivez, et l'esprit de la charité chrétienne m'interdit de faire aucun souhait pour votre mort. Puissiez vous seulement reconnoître la justice de nos armes, recevoir la paix que, malgré vos pertes, vous avez tant de fois refusée, et, dans l'abondance de vos larmes, éteindre les feux d'une guerre que vous avez malheureusement allumée! A Dieu ne plaise que je porte mes souhaits plus loin! les jugements de Dieu sont impénétrables. Mais vous vivez, et je plains en cette chaire un sage et vertueux capitaine, dont les intentions étoient pures, et dont la vertu sembloit mériter une vie plus longue et plus étendue.

Retenons nos plaintes, messieurs; il est temps de commencer son éloge, et de vous faire voir comment cet homme puissant triomphe des ennemis de l'état par sa valeur, des passions de l'ame par sa sagesse, des erreurs et des vanités du siècle par sa piété. Si j'interromps cet ordre de mon discours, pardonnez un peu de confusion dans un sujet qui nous a causé tant de trouble. Je confondrai quelquefois peut-être le général d'armée, le sage, le chrétien. Je louerai tantôt les victoires, tantôt les vertus qui les ont obtenues. Si je ne puis raconter tant d'actions, je les découvrirai dans leurs principes; j'adorerai le Dieu des armées, j'invoquerai le Dieu de la paix, je bénirai le Dieu des miséricordes, et j'attirerai par-tout votre attention, non par la force de l'éloquence, mais par la vérité et par la grandeur des vertus dont je suis engagé de vous parler.

PREMIÈRE PARTIE.

N'ATTENDEZ pas, messieurs, que je suive la coutume des orateurs, et que je loue M. de Turenne comme on loue les hommes ordinaires. Si sa vie avoit moins d'éclat, je m'arrêterois sur la grandeur et la noblesse de sa maison; et si son portrait étoit moins beau, je produirois ici ceux de ses ancêtres. Mais la gloire de ses actions efface celle de sa naissance, et la moindre louange qu'on peut lui donner, c'est d'être sorti de l'ancienne et illustre maison de la Tour-d'Auvergne, qui a mêlé son sang à celui des rois et des empereurs, qui a donné des maîtres à l'Aquitaine, des princesses à toutes les cours de l'Europe, et des reines même à la France.

Mais que dis-je? il ne faut pas l'en louer ici, il faut l'en plaindre. Quelque glorieuse que fût la source dont il sortoit, l'hérésie des derniers temps l'avoit infectée. Il recevoit avec ce beau sang des principes d'erreur et de mensonge; et parmi ses exemples domestiques, il trouvoit celui d'ignorer et de combattre la vérité. Ne faisons donc pas la matière de son éloge de ce qui fut pour lui un sujet de pénitence; et voyons les voies d'honneur et de gloire que la providence de Dieu lui ouvrit dans le monde, avant que sa miséricorde le retirât des voies de la perdition et de l'égarement de ses pères.

Avant sa quatorzième année, il commença à porter les armes. Des siéges et des combats servirent d'exercice à son enfance, et ses premiers divertissements furent des victoires. Sous la discipline du prince d'Orange, son oncle maternel, il apprit l'art de la guerre en qualité de simple soldat, et ni l'orgueil ni la paresse ne l'éloignèrent d'aucun des emplois où la peine et l'obéissance sont attachées. On le vit en ce dernier rang de la milice ne refuser aucune fatigue, et ne craindre aucun péril; faire par honneur ce que les autres faisoient par nécessité, et ne se distinguer d'eux que par un plus grand attachement au travail, et par une plus noble application à tous ses devoirs.

Ainsi commençoit une vie dont les suites devoient être si glorieuses, semblable à ces fleuves qui s'étendent à mesure qu'ils s'éloignent de leur source, et qui portent enfin par-tout où ils coulent la commodité et l'abondance. Depuis ce temps, il a vécu pour la gloire et pour le salut de l'état. Il a rendu tous les services qu'on peut attendre d'un esprit ferme et agissant, quand il se trouve dans un corps robuste et bien constitué. Il a eu dans la jeunesse toute la prudence d'un âge avancé, et dans un âge avancé toute la vigueur de la jeunesse. Ses jours ont été pleins [1], selon les termes

1 Ps. 72.

de l'Écriture; et comme il ne perdit pas ses jeunes années dans la mollesse et dans la volupté, il n'a pas été contraint de passer les dernières dans l'oisiveté et dans la foiblesse.

Quel peuple ennemi de la France n'a pas ressenti les effets de sa valeur, et quel endroit de nos frontières n'a pas servi de théâtre à sa gloire? Il passe les Alpes; et dans les fameuses actions de Casal, de Turin, de la route de Quiers, il se signale par son courage et par sa prudence; et l'Italie le regarde comme un des principaux instruments de ces grands et prodigieux succès qu'on aura peine à croire un jour dans l'histoire. Il passe des Alpes aux Pyrénées, pour assister à la conquête de deux importantes places[1], qui mettent une de nos plus belles provinces à couvert de tous les efforts de l'Espagne. Il va recueillir au-delà du Rhin les débris d'une armée défaite; il prend des villes, et contribue au gain des batailles[2]. Il s'élève ainsi par degrés, et par son seul mérite, au suprême commandement, et fait voir dans tout

1 Perpignan et Collioure.

2 Trèves, Aschaffembourg, etc. Combat de Fribourg, bataille de Norlingue.

le cours de sa vie ce que peut pour la défense d'un royaume un général d'armée qui s'est rendu digne de commander en obéissant, et qui a joint à la valeur et au génie l'application et l'expérience.

Ce fut alors que son esprit et son cœur agirent dans toute leur étendue. Soit qu'il fallût préparer les affaires, ou les décider; chercher la victoire avec ardeur, ou l'attendre avec patience: soit qu'il fallût prévenir les desseins des ennemis par la hardiesse, ou dissiper les craintes et les jalousies des alliés par la prudence; soit qu'il fallût se modérer dans les prospérités, ou se soutenir dans les malheurs de la guerre; son ame fut toujours égale. Il ne fit que changer de vertus quand la fortune changeoit de face: heureux sans orgueil, malheureux avec dignité, et presque aussi admirable lorsqu'avec jugement et avec fierté il sauvoit les restes des troupes battues à Mariandal, que lorsqu'il battoit lui-même les Impériaux et les Bavarois, et qu'avec des troupes triomphantes il forçoit toute l'Allemagne à demander la paix à la France [1].

On eût dit qu'un heureux traité alloit terminer toutes les guerres de l'Europe, lorsque Dieu, dont

1 La paix de Munster.

les jugements [1], selon le prophète, sont des abîmes, voulut affliger et punir la France par elle-même, et l'abandonna à tous les déréglements que causent dans un état les dissentions civiles et domestiques. Souvenez-vous, messieurs, de ce temps de désordre et de trouble, où l'esprit ténébreux, l'esprit de discorde confondoit le devoir avec la passion, le droit avec l'intérêt, la bonne cause avec la mauvaise; où les astres les plus brillants souffrirent presque tous quelque éclipse, et les plus fidèles sujets se virent entraînés, malgré eux, par le torrent des partis, comme ces pilotes qui, se trouvant surpris de l'orage en pleine mer, sont contraints de quitter la route qu'ils veulent tenir, et de s'abandonner pour un temps au gré des vents et de la tempête. Telle est la justice de Dieu; telle est l'infirmité naturelle des hommes. Mais le sage revient aisément à soi, et il y a dans la politique, comme dans la religion, une espèce de pénitence plus glorieuse que l'innocence même, qui répare avantageusement un peu de fragilité par des vertus extraordinaires, et par une ferveur continuelle.

[1] Ps. 35.

Mais où m'arrêté-je, messieurs? Votre esprit vous représente déja sans doute M. de Turenne à la tête des armées du roi. Vous le voyez combattre et dissiper la rebellion, ramener ceux que le mensonge avoit séduits, rassurer ceux que la crainte avoit ébranlés, et crier, comme un autre Moïse, à toutes les portes d'Israël : « Que ceux qui sont « au Seigneur se joignent à moi [1]. » Quelles furent alors sa fermeté et sa sagesse! Tantôt sur les rives de la Loire, suivi d'un petit nombre d'officiers et de domestiques, il court à la défense d'un pont [2], et tient ferme contre une armée; et soit la hardiesse de l'entreprise, soit la seule présence de ce grand homme, soit la protection visible du ciel, qui rendoit les ennemis immobiles, il étonna par sa résolution ceux qu'il ne pouvoit arrêter par la force, et releva par cette prudente et heureuse témérité [3] l'état penchant vers sa ruine. Tantôt se servant de tous les avantages des temps et des lieux, il arrête avec peu de troupes une armée qui venoit de vaincre, et mérite les louanges

1 Exod. 32.

2 Le pont de Gergeau.

3 A Bleneau.

mêmes d'un ennemi, qui, dans les siècles idolâtres, auroit passé pour le dieu des batailles[1]. Tantôt vers les bords de la Seine, il oblige par un traité un prince étranger, dont il avoit pénétré les plus secrètes intentions, de sortir de France, et d'abandonner les espérances qu'il avoit conçues de profiter de nos désordres.

Je pourrois ajouter ici des places prises, des combats gagnés sur les rebelles. Mais dérobons quelque chose à la gloire de notre héros, plutôt que de voir plus long-temps l'image funeste de nos misères passées. Parlons d'autres exploits qui aient été aussi avantageux pour la France que pour lui-même, et dont nos ennemis n'aient pas eu sujet de se réjouir.

Je me contente de vous dire qu'il apaisa par sa conduite l'orage dont le royaume étoit agité. Si la licence fut réprimée, si les haines publiques et particulières furent assoupies, si les lois reprirent leur ancienne vigueur, si l'ordre et le repos furent rétablis dans les villes et dans les provinces, si les membres furent heureusement réunis avec leur chef; c'est à lui, France, que tu le dois. Je

1 A Villeneuve-Saint-George.

me trompe; c'est à Dieu, qui tire, quand il veut, des trésors de sa providence, ces grandes ames qu'il a choisies comme des instruments visibles de sa puissance, pour faire naître du sein des tempêtes le calme et la tranquillité publique, pour relever les états de leur ruine, et réconcilier, quand sa justice est satisfaite, les peuples avec leurs souverains.

Son courage, qui n'agissoit qu'avec peine dans les malheurs de sa patrie, sembla s'échauffer dans les guerres étrangères, et l'on vit redoubler sa valeur. N'entendez pas par ce mot, messieurs, une hardiesse vaine, indiscrète, emportée, qui cherche le danger pour le danger même, qui s'expose sans fruit, et qui n'a pour but que la réputation et les vains applaudissements des hommes. Je parle d'une hardiesse sage et réglée, qui s'anime à la vue des ennemis; qui, dans le péril même, pourvoit à tout et prend tous ses avantages, mais qui se mesure avec ses forces; qui entreprend les choses difficiles, et ne tente pas les impossibles; qui n'abandonne rien au hasard de ce qui peut être conduit par la vertu; capable enfin de tout oser quand le conseil est inutile, et prêt à mourir dans la victoire, ou à survivre à son malheur, en accomplissant ses devoirs.

J'avoue, messieurs, que je succombe ici sous le poids de mon sujet. Ce grand nombre d'actions dont je dois parler m'embarrasse : je ne puis les décrire toutes, et je voudrois n'en omettre aucune. Que n'ai-je le secret de graver dans vos esprits un plan invisible et raccourci de la Flandre et de l'Allemagne ! Je marquerois sans confusion dans vos pensées tout ce que fit ce grand capitaine, et vous dirois en abrégé, selon les lieux : Ici [1] il forçoit des retranchements, et secouroit une place assiégée ; là, il surprenoit les ennemis, ou les battoit en pleine campagne : ces villes [2], où vous voyez les lis arborés, ont été ou défendues par sa vigilance, ou conquises par sa fermeté et par son courage : ce lieu couvert d'un bois et d'une rivière, c'est le poste où il rassuroit ses troupes effrayées, après une honorable retraite [3] : ici il sortoit de ses lignes pour combattre, et d'un seul coup il prenoit une ville et gagnoit une bataille [4] : là, distribuant ce qui lui restoit de son propre

1 Le secours d'Arras.

2 Condé, Landrecies, Ypres, Oudenarde, etc.

3 Retraite de Valenciennes.

4 Bataille des Dunes, et prise de Dunkerque.

argent, il achevoit un siége, et il alloit en faire lever un en même temps[1].

Je recueillerois ensuite tant de succès, et vous ferois souvenir de ces mauvaises nuits que le roi d'Espagne avoua qu'il avoit passées, et de cette paix[2] recherchée par des traités et des alliances, sans laquelle, Flandre, théâtre sanglant où se passent tant de scènes tragiques, triste et fatale contrée, trop étroite pour contenir tant d'armées qui te dévorent, tu aurois accru le nombre de nos provinces; et au lieu d'être la source malheureuse de nos guerres, tu serois aujourd'hui le fruit paisible de nos victoires.

Je pourrois, messieurs, vous montrer vers les bords du Rhin autant de trophées que sur les bords de l'Escaut et de la Sambre. Je pourrois vous décrire des combats gagnés[3], des rivières et des défilés passés à la vue des ennemis, des plaines teintes de leur sang, des montagnes presque inaccessibles traversées pour les aller repousser loin de nos frontières. Mais l'éloquence de la chaire

1 Saint-Venant pris. Ardres secourue.

2 Paix des Pyrénées.

3 A Entsheim, Sinsheim, Mulhausen, etc.

n'est pas propre au récit des combats et des batailles : la langue d'un prêtre destinée à louer Jésus-Christ, le sauveur des hommes, ne doit pas être employée à parler d'un art qui tend à leur destruction; et je ne viens pas pour vous donner des idées de meurtre et de carnage devant ces autels, où l'on n'offre plus le sang des taureaux en sacrifice au Dieu des armées, mais au Dieu de miséricorde et de paix une victime non sanglante.

Quoi donc! N'y-a-t-il point de valeur et de générosité chrétienne? L'Écriture [1], qui commande de sanctifier les guerres, ne nous apprend-elle pas que la piété n'est pas incompatible avec les armes? Viens-je condamner une profession que la religion ne condamne pas, quand on en sait modérer la violence? Non, messieurs : je sais que ce n'est pas en vain que les princes portent l'épée [2]; que la force peut agir quand elle se trouve jointe avec l'équité; que le Dieu des armées préside à cette redoutable justice que les souverains se font à eux-mêmes; que le droit des armes est nécessaire pour la conservation de la société, et que les

1 JOEL, c. 3.
2 EPIST. ad Rom. c. 13.

guerres sont permises pour assurer la paix, pour protéger l'innocence, pour arrêter la malice qui se déborde, et pour retenir la cupidité dans les bornes de la justice.

Je sais aussi que la modération et la charité doivent régler les guerres parmi les chrétiens; que les capitaines qui les conduisent sont les ministres de la providence de Dieu, qui est toujours sage, et de la puissance des rois, qui ne doit jamais être injuste; qu'ils doivent avoir le cœur doux et charitable, lors même que leurs mains sont sanglantes, et adorer intérieurement le créateur, lorsqu'ils se trouvent dans la triste nécessité de détruire ses créatures.

C'est ici que j'atteste la foi publique, messieurs, et que, parlant de la douceur et de la modération de M. de Turenne, je puis avoir pour témoins de ce que je dis tous ceux qui l'ont suivi dans les armées. S'est-il fait un plaisir de se servir du pouvoir qu'il a eu de nuire à ceux mêmes qu'on regarde et qu'on traite comme ennemis? Où a-t-il laissé des marques terribles de sa colère, ou de ses vengeances particulières? Laquelle de ses victoires a-t-il estimée par le nombre des misérables qu'il accabloit, ou des morts qu'il laissoit sur le champ de bataille? Quelle vie a-t-il exposée pour son intérêt, ou pour sa propre réputation? Quel soldat n'a-t-il pas ménagé comme un sujet du prince et une portion de la république? Quelle goutte de sang a-t-il répandue qui n'ait servi à la cause commune?

On l'a vu, dans la fameuse bataille des Dunes, arracher les armes des mains des soldats étrangers, qu'une férocité naturelle acharnoit sur les vaincus. On l'a vu gémir de ces maux nécessaires que la guerre traîne après soi, que le temps force de dissimuler, de souffrir et de faire. Il savoit qu'il y a un droit plus haut et plus sacré que celui que la fortune et l'orgueil imposent aux foibles et aux malheureux, et que ceux qui vivent sous la loi de Jésus-Christ doivent épargner, autant qu'ils peuvent, un sang consacré par le sien, et ménager des vies qu'il a rachetées par sa mort.

Il cherchoit à soumettre les ennemis, non pas à les perdre. Il eût voulu pouvoir attaquer sans nuire, se défendre sans offenser, et réduire au droit et à la justice ceux à qui il étoit obligé par devoir de faire violence.

Enfin, il s'étoit fait une espèce de morale militaire qui lui étoit propre. Il n'avoit pour toute passion que l'affection pour la gloire du roi, le desir de la paix, et le zèle du bien public. Il n'avoit pour ennemis que l'orgueil, l'injustice, et l'usurpation. Il s'étoit accoutumé à combattre sans colère, à vaincre sans ambition, à triompher sans vanité, et à ne suivre pour règle de ses actions que la vertu et la sagesse. C'est ce que je dois vous montrer dans cette seconde partie.

SECONDE PARTIE.

La valeur n'est qu'une force aveugle et impétueuse, qui se trouble et se précipite, si elle n'est éclairée et conduite par la probité et par la prudence; et le capitaine n'est pas accompli, s'il ne renferme en soi l'homme de bien et l'homme sage. Quelle discipline peut établir dans un camp celui qui ne sait régler ni son esprit ni sa conduite? Et comment saura calmer ou émouvoir, selon ses desseins, dans une armée, tant de passions différentes, celui qui ne sera pas maître des siennes? Aussi l'esprit de Dieu nous apprend, dans l'Écriture, [1] que l'homme prudent l'emporte

1 Sap. c. 6.

sur le courageux, [1] que la sagesse vaut mieux que les armes des gens de guerre, [2] et que celui qui est patient et modéré est quelquefois plus estimable que celui qui prend des villes, et qui gagne des batailles.

Ici vous formez sans doute, messieurs, dans votre esprit, des idées plus nobles que celles que je puis vous donner. En parlant de M. de Turenne, je reconnois que je ne puis vous élever au-dessus de vous-mêmes, et le seul avantage que j'ai, c'est que je ne dirai rien que vous ne croyiez; et que, sans être flatteur, je puis dire de grandes choses. Y eut-il jamais homme plus sage et plus prévoyant; qui conduisît une guerre avec plus d'ordre et de jugement; qui eût plus de précautions et plus de ressources; qui fût plus agissant et plus retenu; qui disposât mieux toutes choses à leur fin, et qui laissât mûrir ses entreprises avec tant de patience? Il prenoit des mesures presque infaillibles; et pénétrant non-seulement ce que les ennemis avoient fait, mais encore ce qu'ils avoient dessein de faire, il pouvoit être malheureux, mais il n'étoit jamais surpris. Il distinguoit le temps

1 Eccl. c. 9.

2 Prov. c. 16.

d'attaquer et le temps de défendre. Il ne hasardoit jamais rien que lorsqu'il avoit beaucoup à gagner, et qu'il n'avoit presque rien à perdre. Lors même qu'il sembloit céder, il ne laissoit pas de se faire craindre. Telle enfin étoit son habileté, que, lorsqu'il vainquoit, on ne pouvoit en attribuer l'honneur qu'à sa prudence; et lorsqu'il étoit vaincu, on ne pouvoit en imputer la faute qu'à la fortune.

Souvenez-vous, messieurs, du commencement et des suites de la guerre, qui, n'étant d'abord qu'une étincelle, embrase aujourd'hui toute l'Europe. Tout se déclare contre la France. On soulève les étrangers, on débauche les alliés, on intimide les amis, on encourage les vaincus, on arme les envieux. Sur des craintes imaginaires et des défiances artificieusement inspirées, les intérêts sont confondus, la foi violée, et les traités méprisés. Il falloit, je l'avoue, pour résister à tant d'armées jointes ensemble contre nous, des troupes aussi vaillantes et des capitaines aussi expérimentés que les nôtres. Mais rien n'étoit si formidable, que de voir toute l'Allemagne, ce grand et vaste corps, composé de tant de peuples et de nations différentes, déployer tous ses étendards, et marcher vers nos frontières, pour nous accabler par la force, après nous avoir effrayés par la multitude.

Il falloit opposer à tant d'ennemis un homme d'un courage ferme et assuré, d'une capacité étendue, d'une expérience consommée, qui soutînt la réputation, et qui ménageât les forces du royaume; qui n'oubliât rien d'utile et de nécessaire, et ne fît rien de superflu; qui sût, selon les occasions, profiter de ses avantages, ou se relever de ses pertes; qui fût tantôt le bouclier, et tantôt l'épée de son pays; capable d'exécuter les ordres qu'il auroit reçus, et de prendre conseil de lui-même dans les rencontres.

Vous savez de qui je parle, messieurs; vous savez le détail de ce qu'il fit, sans que je le dise. Avec des troupes, considérables seulement par leur courage et par la confiance qu'elles avoient en leur général, il arrête et consume deux grandes armées, et force à conclure la paix par des traités ceux qui croyoient venir terminer la guerre par notre entière et prompte défaite. Tantôt il s'oppose à la jonction de tant de secours ramassés, et rompt le cours de tous ces torrents qui auroient inondé la France. Tantôt il les défait ou les dissipe par des combats réitérés. Tantôt il les repousse au-delà de leurs rivières, et les arrête toujours par des coups hardis, quand il faut rétablir la réputation; par la modération, quand il ne faut que la conserver.

Villes, que nos ennemis s'étoient déja partagées, vous êtes encore dans l'enceinte de notre empire. Provinces, qu'ils avoient déja ravagées dans le desir et dans la pensée, vous avez encore recueilli vos moissons. Vous durez encore, places que l'art et la nature ont fortifiées, et qu'ils avoient dessein de démolir, et vous n'avez tremblé que sous des projets frivoles d'un vainqueur en idée, qui comptoit le nombre de nos soldats, et qui ne songeoit pas à la sagesse de leur capitaine.

Cette sagesse étoit la source de tant de prospérités éclatantes. Elle entretenoit cette union des soldats avec leur chef, qui rend une armée invincible; elle répandoit dans les troupes un esprit de force, de courage et de confiance, qui leur faisoit tout souffrir, tout entreprendre dans l'exécution de ses desseins; elle rendoit enfin des hommes grossiers, capables de gloire. Car, messieurs, qu'est-ce qu'une armée? C'est un corps animé d'une infinité de passions différentes, qu'un homme habile fait mouvoir pour la défense de la patrie: c'est une troupe d'hommes armés qui suivent aveuglément les ordres d'un chef, dont ils ne savent pas les intentions : c'est une multitude d'ames, pour la plupart viles et mercenaires, qui, sans songer à leur propre réputation, travaillent à celle des rois et des conquérants : c'est un assemblage confus de libertins qu'il faut assujettir à l'obéissance; de lâches qu'il faut mener au combat; de téméraires qu'il faut retenir; d'impatients qu'il faut accoutumer à la constance. Quelle prudence ne faut-il pas pour conduire et réunir au seul intérêt public tant de vues et de volontés différentes? Comment se faire craindre, sans se mettre en danger d'être haï, et bien souvent abandonné? Comment se faire aimer, sans perdre un peu de l'autorité, et relâcher de la discipline nécessaire?

Qui trouva jamais mieux tous ces justes tempéraments, que ce prince que nous pleurons? Il attacha par des nœuds de respect et d'amitié ceux qu'on ne retient ordinairement que par la crainte des supplices; et se fit rendre par sa modération une obéissance aisée et volontaire. Il parle, chacun écoute ses oracles; il commande, chacun avec joie suit ses ordres; il marche, chacun croit courir à la gloire. On diroit qu'il va combattre des rois confédérés avec sa seule maison, comme un autre Abraham [1]; que ceux qui le suivent sont ses soldats et ses domestiques; et qu'il est et général et père de famille tout ensemble. Aussi rien ne peut soutenir leurs efforts : ils ne trouvent point d'obstacles qu'ils ne surmontent; point de difficultés qu'ils ne vainquent; point de péril qui les épouvante; point de travail qui les rebute; point d'entreprise qui les étonne; point de conquête qui leur paroisse difficile. Que pouvoient-ils refuser à un capitaine qui renonçoit à ses commodités pour les faire vivre dans l'abondance, qui, pour leur procurer du repos, perdoit le sien propre, qui soulageoit leurs fatigues, et ne s'en épargnoit aucune, qui prodiguoit son sang, et ne ménageoit que le leur?

Par quelle invisible chaîne entraînoit-il ainsi les volontés? Par cette bonté avec laquelle il encourageoit les uns, il excusoit les autres, et donnoit à tous les moyens de s'avancer, de vaincre leur malheur, ou de réparer leurs fautes; par ce désintéressement qui le portoit à préférer ce qui étoit plus utile à l'état à ce qui pouvoit être plus

1 Gen. 14.

glorieux pour lui-même; par cette justice qui, dans la distribution des emplois, ne lui permettoit pas de suivre son inclination au préjudice du mérite; par cette noblesse de cœur et de sentiments qui l'élevoit au-dessus de sa propre grandeur, et par tant d'autres qualités qui lui attiroient l'estime et le respect de tout le monde. Que j'entrerois volontiers dans les motifs et dans les circonstances de ses actions! Que j'aimerois à vous montrer une conduite si régulière et si uniforme, un mérite si éclatant et si exempt de faste et d'ostentation; de grandes vertus produites par des principes encore plus grands; une droiture universelle qui le portoit à s'appliquer à tous ses devoirs, et à les réduire tous à leurs fins justes et naturelles, et une heureuse habitude d'être vertueux, non pas pour l'honneur, mais pour la justice qu'il y a de l'être! Mais il ne m'appartient pas de pénétrer jusqu'au fond de ce cœur magnanime; et il étoit réservé à une bouche plus éloquente que la mienne [1] d'en exprimer tous les mouvements et toutes les inclinations intérieures.

Pour récompenser tant de vertus par quelque

1 Mascaron, alors évêque de Tulle.

honneur extraordinaire, il falloit trouver un grand roi qui crût ignorer quelque chose, et qui fût capable de l'avouer. Loin d'ici ces flatteuses maximes, que les rois naissent habiles, et que les autres le deviennent; que leurs ames privilégiées sortent des mains de Dieu qui les crée, toutes sages et intelligentes; qu'il n'y a point pour eux d'essai ni d'apprentissage; qu'ils sont vertueux sans travail, et prudents sans expérience. Nous vivons sous un prince qui, tout grand et tout éclairé qu'il est, a bien voulu s'instruire pour commander; qui, dans la route de la gloire, a su choisir un guide fidèle, et a cru qu'il étoit de sa sagesse de se servir de celle d'autrui. Quel honneur pour un sujet d'accompagner son roi, de lui servir de conseil, et, si je l'ose dire, d'exemple, dans une importante conquête! Honneur d'autant plus grand, que la faveur n'y put avoir part; qu'il ne fut fondé que sur un mérite universellement connu, et qu'il fut suivi de la prise des villes les plus considérables de la Flandre [1].

Après cette glorieuse marque d'estime et de confiance, quels projets d'établissement et de for-

1 Charleroi, Douai, Tournai, Ath, Lille, etc.

tune n'auroit pas faits un homme avare et ambitieux! Qu'il eût amassé de biens et d'honneurs! et qu'il eût vendu chèrement tant de travaux et de services! Mais cet homme sage et désintéressé, content des témoignages de sa conscience, et riche de sa modération, trouve dans le plaisir qu'il a de bien faire la récompense d'avoir bien fait. Quoiqu'il puisse tout obtenir, il ne demande et ne prétend rien : il ne desire, à l'exemple de Salomon [1], qu'un état frugal et honnête entre la pauvreté et les richesses : et, quelques offres qu'on lui fasse, il n'étend ses desirs qu'à proportion de ses besoins, et se resserre dans les bornes étroites du seul nécessaire. Il n'y eut qu'une ambition qui fut capable de le toucher, ce fut de mériter l'estime et la bienveillance de son maître. Cette ambition fut satisfaite, et notre siècle a vu un sujet aimer son roi pour ses grandes qualités, non pour sa dignité ni pour sa fortune; et un roi aimer son sujet plus pour le mérite qu'il connoissoit en lui, que pour les services qu'il en recevoit.

Cet honneur, messieurs, ne diminua point sa modestie. A ce mot, je ne sais quel remords m'ar-

1 Prov. c. 30.

rête. Je crains de publier ici des louanges qu'il a si souvent rejetées, et d'offenser après sa mort une vertu qu'il a tant aimée pendant sa vie. Mais accomplissons la justice, et louons-le sans crainte, en un temps où nous ne pouvons être suspects de flatterie, ni lui susceptible de vanité. Qui fit jamais de si grandes choses? qui les dit avec plus de retenue? Remportoit-il quelque avantage; à l'entendre, ce n'étoit pas qu'il fût habile, mais l'ennemi s'étoit trompé. Rendoit-il compte d'une bataille; il n'oublioit rien, sinon que c'étoit lui qui l'avoit gagnée. Racontoit-il quelques-unes de ces actions qui l'avoient rendu si célèbre; on eût dit qu'il n'en avoit été que le spectateur, et l'on doutoit si c'étoit lui qui se trompoit ou la renommée. Revenoit-il de ces glorieuses campagnes qui rendront son nom immortel; il fuyoit les acclamations populaires, il rougissoit de ses victoires, il venoit recevoir des éloges comme on vient faire des apologies, et n'osoit presque aborder le roi, parcequ'il étoit obligé par respect de souffrir patiemment les louanges dont sa majesté ne manquoit jamais de l'honorer.

C'est alors que, dans le doux repos d'une condition privée, ce prince se dépouillant de toute la gloire qu'il avoit acquise pendant la guerre, et se renfermant dans une société peu nombreuse de quelques amis choisis, il s'exerçoit sans bruit aux vertus civiles : sincère dans ses discours, simple dans ses actions, fidèle dans ses amitiés, exact dans ses devoirs, réglé dans ses desirs, grand même dans les moindres choses. Il se cache, mais sa réputation le découvre; il marche sans suite et sans équipage, mais chacun dans son esprit le met sur un char de triomphe. On compte, en le voyant, les ennemis qu'il a vaincus, non pas les serviteurs qui le suivent; tout seul qu'il est, on se figure autour de lui ses vertus et ses victoires qui l'accompagnent : il y a je ne sais quoi de noble dans cette honnête simplicité; et moins il est superbe, plus il devient vénérable.

Il auroit manqué quelque chose à sa gloire, si, trouvant par-tout tant d'admirateurs, il n'eût fait quelques envieux. Telle est l'injustice des hommes: la gloire la plus pure et la mieux acquise les blesse; tout ce qui s'élève au-dessus d'eux leur devient odieux et insupportable; et la fortune la plus approuvée et la plus modeste n'a pu se sauver de cette lâche et maligne passion. C'est la destinée des grands hommes d'en être attaqués, et c'est le privilége de

M. de Turenne d'avoir pu la vaincre. L'envie fut étouffée, ou par le mépris qu'il en fit, ou par des accroissements perpétuels d'honneur et de gloire : le mérite l'avoit fait naître, le mérite la fit mourir. Ceux qui lui étoient moins favorables ont reconnu combien il étoit nécessaire à l'état ; ceux qui ne pouvoient souffrir son élévation se crurent enfin obligés d'y consentir ; et n'osant s'affliger de la prospérité d'un homme qui ne leur auroit jamais donné la misérable consolation de se réjouir de quelqu'une de ses fautes, ils joignirent leurs voix à la voix publique, et crurent qu'être son ennemi, c'étoit l'être de toute la France.

Mais à quoi auroient abouti tant de qualités héroïques, si Dieu n'eût fait éclater sur lui la puissance de sa grace, et si celui dont sa providence s'étoit si noblement servie eût été l'objet éternel de sa justice ? Dieu seul pouvoit dissiper ses ténèbres, et il tenoit en sa puissance l'heureux moment qu'il avoit marqué pour l'éclairer de ses vérités.

Il arriva ce moment heureux, ce point où se rapportoit toute sa véritable gloire. Il entrevit des piéges et des précipices que sa prévention lui avoit jusques alors entièrement cachés. Il commença à marcher avec précaution et avec crainte dans ces routes égarées où il se trouvoit engagé. Certains rayons de grace et de lumière lui firent apercevoir qu'en vain rempliroit-il les plus beaux endroits de l'histoire, si son nom n'étoit écrit dans le livre de vie; qu'en vain gagneroit-il le monde entier, s'il perdoit son ame; qu'il n'y avoit qu'une foi et un Jésus-Christ, et une vérité simple et indivisible, qui ne se montre qu'à ceux qui la cherchent avec un cœur humble et une volonté désintéressée. Il n'étoit pas encore éclairé; mais il commençoit d'être docile. Combien de fois consulta-t-il des amis savants et fidèles? Combien de fois, soupirant après ces lumières vives et efficaces, qui seules triomphent des erreurs de l'esprit humain, dit-il à Jésus-Christ, comme cet aveugle de l'évangile : « [1] Seigneur, faites que je voie? » Combien de fois essaya-t-il d'une main impuissante d'arracher le bandeau fatal qui fermoit ses yeux à la vérité? Combien de fois remonta-t-il jusqu'à ces sources anciennes et pures, que Jésus-Christ a laissées à son Église, pour y puiser avec joie les eaux d'une doctrine salutaire?

Habitude, prétextes, engagements, honte de

[1] Marc, c. 10.

3.

changer, plaisir d'être regardé comme le chef et le protecteur d'Israël, vaines et spécieuses raisons de la chair et du sang, vous ne pûtes le retenir. Dieu rompit tous ces liens, et, le mettant dans la liberté de ses enfants, le fit passer de la région des ténèbres au royaume de son fils bien-aimé, à qui il appartenoit par son élection éternelle. Ici un nouvel ordre de choses se présente à moi. Je vois de plus grandes actions, de plus nobles motifs, une protection de Dieu plus visible. Je parle désormais d'une sagesse que la véritable piété accompagne, et d'un courage que l'esprit de Dieu fortifie. Renouvelez donc votre attention en cette dernière partie de mon discours, et suppléez dans vos pensées à ce qui manquera à mes expressions et à mes paroles.

TROISIÈME PARTIE.

Si M. de Turenne n'avoit su que combattre et vaincre; s'il ne s'étoit élevé au-dessus des vertus humaines; si sa valeur et sa prudence n'avoient été animées d'un esprit de foi et de charité, je le mettrois au rang des Scipion et des Fabius, je laisserois à la vanité le soin d'honorer la vanité, et je ne viendrois pas dans un lieu saint faire l'éloge d'un homme profane. S'il avoit fini ses jours dans l'aveuglement et dans l'erreur, je louerois en vain des vertus que Dieu n'auroit pas couronnées: je répandrois des larmes inutiles sur son tombeau; et si je parlois de sa gloire, ce ne seroit que pour déplorer son malheur. Mais, grace à Jésus-Christ, je parle d'un chrétien éclairé des lumières de la foi, agissant par les principes d'une religion pure, et consacrant par une sincère piété tout ce qui peut flatter l'ambition ou l'orgueil des hommes. Ainsi les louanges que je lui donne retournent à Dieu, qui en est la source; et, comme c'est la vérité qui l'a sanctifié, c'est aussi la vérité qui le loue.

Que sa conversion fut entière, messieurs! et qu'il fut différent de ceux qui, sortant de l'hérésie par des vues intéressées, changent de sentiments sans changer de mœurs; n'entrent dans le sein de l'Église que pour la blesser de plus près par une vie scandaleuse, et ne cessent d'être ennemis déclarés qu'en devenant enfants rebelles! Quoique son cœur se fût sauvé des déréglements que causent d'ordinaire les passions, il prit encore plus de soin de le régler; il crut que l'innocence de sa vie devoit répondre à la pureté de sa créance. Il connut la vérité, il l'aima, il la suivit. Avec quel humble respect assistoit-il aux sacrés mystères! Avec quelle docilité écoutoit-il les instructions salutaires des prédicateurs évangéliques! Avec quelle soumission adoroit-il les œuvres de Dieu, que l'esprit humain ne peut comprendre! Vrai adorateur en esprit et en vérité, cherchant le Seigneur, selon le conseil du Sage [1], dans la simplicité du cœur, ennemi irréconciliable de l'impiété, éloigné de toute superstition, et incapable d'hypocrisie.

A peine a-t-il embrassé la saine doctrine, qu'il en devient le défenseur; aussitôt qu'il est revêtu des armes de lumière, il combat les œuvres de ténèbres; il regarde en tremblant l'abîme d'où il est sorti, et il tend la main à ceux qu'il y a laissés. On diroit qu'il est chargé de ramener dans le sein de l'Église tous ceux que le schisme en a séparés: il les invite par ses conseils, il les attire par ses bienfaits, il les presse par ses raisons, il les convainc par ses expériences; il leur fait voir les écueils où la raison humaine fait tant de naufrages, et leur

1 Sap. 1.

montre derrière lui, selon les termes de saint Augustin, le pont de la miséricorde de Dieu, par où il vient de passer lui-même. Tantôt il allume le zèle des docteurs, et les exhorte d'opposer au faste du mensonge la force de la vérité. Tantôt il leur découvre ces voies douces et insinuantes qui gagnent le cœur pour gagner l'esprit. Tantôt il fournit, selon son pouvoir, les fonds nécessaires pour assister ceux qui abandonnent tout pour suivre Jésus-Christ qui les appelle. Vous le savez, évêques confidents de son zèle; tout occupé qu'il est dans le cours de ses dernières actions de guerre, il concerte avec vous des entreprises de religion, et n'oublie rien de ce qui peut contribuer ou à instruire ceux qu'une longue prévention aveugle, ou à gagner ceux que la cupidité et l'intérêt retiennent encore dans leurs erreurs; digne fils de cette Église dont la charité s'étend à tout, à l'imitation de celle de Dieu, et qui procure à ses enfants, outre l'héritage éternel, le soulagement même de leurs nécessités temporelles.

Telle étoit la disposition de son ame, messieurs, lorsque la providence de Dieu permit que le roi, justement irrité, allât porter la guerre au milieu des états d'une république injuste et ingrate, et fit sentir la force de ses armes à ceux qui méprisoient ses bienfaits, et qui vouloient s'opposer à sa gloire. Ce fut alors que notre héros reprit les armes, et qu'à la suite de son maître, et à la tête de ses armées, il exposa son sang dans une guerre non-seulement heureuse, mais sainte, où la victoire avoit peine à suivre la rapidité du vainqueur, et où Dieu triomphoit avec le prince. Quelle étoit sa joie, lorsque, après avoir forcé des villes [1], il voyoit son illustre neveu, plus éclatant par ses vertus que par sa pourpre, ouvrir et réconcilier des églises! Sous les ordres d'un roi aussi pieux que puissant, l'un faisoit prospérer les armes, l'autre étendoit la religion : l'un abattoit des remparts, l'autre redressoit des autels : l'un ravageoit les terres des Philistins, l'autre portoit l'arche autour des pavillons d'Israël : puis, unissant ensemble leurs vœux, comme leurs cœurs étoient unis, le neveu avoit part aux services que l'oncle rendoit à l'état, et l'oncle avoit part à ceux que le neveu rendoit à l'Église.

Suivons ce prince dans ses dernières campagnes, et regardons tant d'entreprises difficiles, tant de

1 Arnheim, Nimègue, les forts de Burith, de Skein, etc.

succès glorieux, comme des preuves de son courage et des récompenses de sa piété. Commencer ses journées par la prière, réprimer l'impiété et les blasphèmes, protéger les personnes et les choses saintes contre l'insolence et l'avarice des soldats, invoquer dans tous les dangers le Dieu des armées, c'est le devoir et le soin ordinaire de tous les capitaines. Pour lui, il passe plus avant. Lors même qu'il commande aux troupes, il se regarde comme un simple soldat de Jésus-Christ; il sanctifie les guerres par la pureté de ses intentions, par le desir d'une heureuse paix, par les lois d'une discipline chrétienne; il considère ses soldats comme ses frères, et se croit obligé d'exercer la charité dans une profession cruelle où l'on perd souvent l'humanité même. Animé par de si grands motifs, il se surpasse lui-même, et fait voir que le courage devient plus ferme, quand il est soutenu par des principes de religion; qu'il y a une pieuse magnanimité qui attire les bons succès, malgré les périls et les obstacles, et qu'un guerrier est invincible quand il combat avec foi, et quand il prête des mains pures au Dieu des batailles qui le conduit.

Comme il tient de Dieu toute sa gloire, aussi la

lui rapporte-t-il tout entière, et ne conçoit autre confiance que celle qui est fondée sur le nom du Seigneur. Que ne puis-je vous représenter ici une de ces importantes occasions[1] où il attaque avec peu de troupes toutes les forces de l'Allemagne! il marche trois jours, passe trois rivières, joint les ennemis, les combat et les charge. Le nombre d'un côté, la valeur de l'autre, la fortune est long-temps douteuse. Enfin le courage arrête la multitude; l'ennemi s'ébranle et commence à plier. Il s'élève une voix qui crie : Victoire ! Alors ce général suspend toute l'émotion que donne l'ardeur du combat, et d'un ton sévère : « Arrêtez, dit-il, notre « sort n'est pas en nos mains, et nous serons nous- « mêmes vaincus, si le Seigneur ne nous favorise. » A ces mots il lève les yeux au ciel d'où lui vient son secours; et, continuant à donner ses ordres, il attend avec soumission, entre l'espérance et la crainte, que les ordres du ciel s'exécutent.

Qu'il est difficile, messieurs, d'être victorieux et d'être humble tout ensemble! Les prospérités militaires laissent dans l'ame je ne sais quel plaisir touchant, qui la remplit et l'occupe tout entière.

1 Combat d'Entzheim.

On s'attribue une supériorité de puissance et de force ; on se couronne de ses propres mains ; on se dresse un triomphe secret à soi-même ; on regarde comme son propre bien ces lauriers qu'on cueille avec peine, et qu'on arrose souvent de son sang ; et lors même qu'on rend à Dieu de solennelles actions de graces, et qu'on pend aux voûtes sacrées de ses temples des drapeaux déchirés et sanglants qu'on a pris sur les ennemis, qu'il est dangereux que la vanité n'étouffe une partie de la reconnoissance, qu'on ne mêle aux vœux qu'on rend au Seigneur des applaudissements qu'on croit se devoir à soi-même, et qu'on ne retienne au moins quelques grains de cet encens qu'on va brûler sur ses autels !

C'étoit en ces occasions que M. de Turenne, se dépouillant de lui-même, renvoyoit toute la gloire à celui à qui seul elle appartient légitimement. S'il marche, il reconnoît que c'est Dieu qui le conduit et qui le guide : s'il défend des places, il sait qu'on les défend en vain, si Dieu ne les garde : s'il se retranche, il lui semble que c'est Dieu qui lui fait un rempart pour le mettre à couvert de toute insulte : s'il combat, il sait d'où il tire toute sa force ; et s'il triomphe, il croit voir dans le ciel une main invisible qui le couronne. Rapportant ainsi toutes les graces qu'il reçoit à leur origine, il en attire de nouvelles. Il ne compte plus les ennemis qui l'environnent; et, sans s'étonner de leur nombre ou de leur puissance, il dit avec le prophète: « [1] Ceux-là se fient au nombre de leurs combat« tants et de leurs chariots; pour nous, nous nous « reposons sur la protection du Tout-Puissant. » Dans cette fidèle et juste confiance, il redouble son ardeur, forme de grands desseins, exécute de grandes choses, et commence une campagne qui sembloit devoir être si fatale à l'Empire.

Il passe le Rhin et trompe la vigilance d'un général habile et prévoyant. Il observe les mouvements des ennemis. Il relève le courage des alliés. Il ménage la foi suspecte et chancelante des voisins. Il ôte aux uns la volonté, aux autres les moyens de nuire; et, profitant de toutes ces conjonctures importantes qui préparent les grands et glorieux évènements, il ne laisse rien à la fortune de ce que le conseil et la prudence humaine lui peuvent ôter. Déja frémissoit dans son camp l'ennemi confus et déconcerté. Déja prenoit l'essor, pour se

1 Ps. 19.

sauver dans les montagnes, cet aigle dont le vol hardi avoit d'abord effrayé nos provinces. Ces foudres de bronze que l'enfer a inventés pour la destruction des hommes tonnoient de tous côtés pour favoriser et pour précipiter cette retraite; et la France en suspens attendoit le succès d'une entreprise qui, selon toutes les règles de la guerre, étoit infaillible.

Hélas! nous savions tout ce que nous pouvions espérer, et nous ne pensions pas à ce que nous devions craindre. La providence divine nous cachoit un malheur plus grand que la perte d'une bataille. Il en devoit coûter une vie que chacun de nous eût voulu racheter de la sienne propre; et tout ce que nous pouvions gagner ne valoit pas ce que nous allions perdre. O Dieu terrible [1], mais juste en vos conseils sur les enfants des hommes, vous disposez et des vainqueurs et des victoires! Pour accomplir vos volontés et faire craindre vos jugements, votre puissance renverse ceux que votre puissance avoit élevés. Vous immolez à votre souveraine grandeur de grandes victimes, et vous

1 Ps. 65.

frappez quand il vous plaît ces têtes illustres que vous avez tant de fois couronnées.

N'attendez pas, messieurs, que j'ouvre ici une scène tragique, que je représente ce grand homme étendu sur ses propres trophées, que je découvre ce corps pâle et sanglant auprès duquel fume encore la foudre qui l'a frappé, que je fasse crier son sang comme celui d'Abel, et que j'expose à vos yeux les tristes images de la religion et de la patrie éplorées. Dans les pertes médiocres on surprend ainsi la pitié des auditeurs; et, par des mouvements étudiés, on tire au moins de leurs yeux quelques larmes vaines et forcées. Mais on décrit sans art une mort qu'on pleure sans feinte. Chacun trouve en soi la source de sa douleur, et rouvre lui-même sa plaie, et le cœur, pour être touché, n'a pas besoin què l'imagination soit émue.

Peu s'en faut que je n'interrompe ici mon discours. Je me trouble, messieurs; Turenne meurt: tout se confond, la fortune chancelle, la victoire se lasse, la paix s'éloigne, les bonnes intentions des alliés se ralentissent, le courage des troupes est abattu par la douleur et ranimé par la vengeance; tout le camp demeure immobile. Les blessés pensent à la perte qu'ils ont faite, et non pas aux blessures qu'ils ont reçues. Les pères mourants envoient leurs fils pleurer sur leur général mort. L'armée en deuil est occupée à lui rendre les devoirs funèbres; et la renommée, qui se plaît à répandre dans l'univers les accidents extraordinaires, va remplir toute l'Europe du récit glorieux de la vie de ce prince, et du triste regret de sa mort.

Que de soupirs alors! que de plaintes! que de louanges retentissent dans les villes, dans la campagne! L'un voyant croître ses moissons bénit la mémoire de celui à qui il doit l'espérance de sa récolte; l'autre, qui jouit encore en repos de l'héritage qu'il a reçu de ses pères, souhaite une éternelle paix à celui qui l'a sauvé des désordres et des cruautés de la guerre. Ici l'on offre le sacrifice adorable de Jésus-Christ pour l'ame de celui qui a sacrifié sa vie et son sang pour le bien public: là on lui dresse une pompe funèbre, où l'on s'attendoit de lui dresser un triomphe. Chacun choisit l'endroit qui lui paroît le plus éclatant dans une si belle vie. Tous entreprennent son éloge; et chacun s'interrompant lui-même par ses soupirs et par ses larmes admire le passé, regrette le présent, et tremble pour l'avenir. Ainsi tout le royaume pleure la mort de son défenseur; et la perte d'un homme seul est une calamité publique.

Pourquoi, mon Dieu, si j'ose répandre mon ame en votre présence et parler à vous, moi qui ne suis que poussière et que cendre, pourquoi le perdons-nous dans la nécessité la plus pressante, au milieu de ses grands exploits, au plus haut point de sa valeur, dans la maturité de sa sagesse? Est-ce qu'après tant d'actions dignes de l'immortalité il n'avoit plus rien de mortel à faire? Ce temps étoit-il arrivé où il devoit recueillir le fruit de tant de vertus chrétiennes, et recevoir de vous la couronne de justice que vous gardez à ceux qui ont fourni une glorieuse carrière? Peut-être avions-nous mis en lui trop de confiance, et vous nous défendez dans vos écritures [1] de nous faire un bras de chair, et de nous confier aux enfants des hommes. Peut-être est-ce une punition de notre orgueil, de notre ambition, de nos injustices. Comme il s'élève du fond des vallées des vapeurs grossières dont se forme la foudre qui tombe sur les montagnes, il

1 PARAL. l. 2, c. 32.

sort du cœur des peuples des iniquités dont vous déchargez les châtiments sur la tête de ceux qui les gouvernent ou qui les défendent. Je ne viens pas, Seigneur, sonder les abîmes de vos jugements, ni découvrir ces ressorts secrets et invisibles qui font agir votre miséricorde ou votre justice : je ne veux et ne dois que les adorer. Mais vous êtes juste : vous nous affligez ; et dans un siècle aussi corrompu que le nôtre, nous ne devons chercher ailleurs que dans le déréglement de nos mœurs toutes les causes de nos misères.

Tirons donc, messieurs, tirons de notre douleur des motifs de pénitence, et ne cherchons qu'en la piété de ce grand homme de vraies et solides consolations. Citoyens, étrangers, ennemis, peuples, rois, empereurs, le plaignent et le révèrent ; mais que peuvent-ils contribuer à son véritable bonheur ? Son roi même, et quel roi ! l'honore de ses regrets et de ses larmes : grande et précieuse marque de tendresse et d'estime pour un sujet, mais inutile pour un chrétien. Il vivra, je l'avoue, dans l'esprit et dans la mémoire des hommes [1] : mais l'Écriture m'apprend que ce que l'homme

1 Ps. 93.

pense [1], et l'homme lui-même, n'est que vanité. Un magnifique tombeau renfermera ses tristes dépouilles; mais il sortira de ce superbe monument, non pour être loué de ses exploits héroïques, mais pour être jugé selon ses bonnes ou mauvaises œuvres. Ses cendres seront mêlées avec celles de tant de rois qui gouvernèrent ce royaume, qu'il a si généreusement défendu; mais, après tout, que leur reste-t-il, à ces rois non plus qu'à lui, des applaudissements du monde, de la foule de leur cour, de l'éclat et de la pompe de leur fortune, qu'un silence éternel, une solitude affreuse, et une terrible attente des jugements de Dieu, sous ces marbres précieux qui les couvrent? Que le monde honore donc comme il voudra les grandeurs humaines, Dieu seul est la récompense des vertus chrétiennes.

O mort trop soudaine, mais pourtant par la miséricorde du Seigneur depuis long-temps prévue, combien de paroles édifiantes, combien de saints exemples nous as-tu ravis! Nous eussions vu, quel spectacle! au milieu des victoires et des triomphes mourir humblement un chrétien. Avec

1 Ps. 38.

quelle attention eût-il employé ses derniers moments à pleurer intérieurement ses erreurs passées, à s'anéantir devant la majesté de Dieu, et à implorer le secours de son bras non plus contre des ennemis visibles, mais contre ceux de son salut! Sa foi vive et sa charité fervente nous auroient sans doute touchés : et il nous resteroit un modèle d'une confiance sans présomption, d'une crainte sans foiblesse, d'une pénitence sans artifice, d'une constance sans affectation, et d'une mort précieuse devant Dieu et devant les hommes.

Ces conjectures ne sont-elles pas justes, messieurs? Que dis-je, conjectures? C'étoient des desseins formés. Il avoit résolu de vivre aussi saintement que je présume qu'il fût mort. Prêt à jeter toutes ses couronnes au pied du trône de Jésus-Christ, comme ces vainqueurs de l'Apocalypse[1]; prêt à ramasser toute sa gloire, pour s'en dépouiller par une retraite volontaire, il n'étoit déja plus du monde, quoique la Providence l'y retînt encore. Dans le tumulte des armées, il s'entretenoit des douces et secrètes espérances de sa solitude. D'une main il foudroyoit les Amalécites, et il le-

1 Apocal. c. 4

voit déja l'autre pour attirer sur lui les bénédictions célestes. Ce Josué dans le combat faisoit déja la fonction de Moïse sur la montagne, et sous les armes d'un guerrier portoit le cœur et la volonté d'un pénitent.

Seigneur, qui éclairez les plus sombres replis de nos consciences, et qui voyez dans nos plus secrètes intentions ce qui n'est pas encore, comme ce qui est, recevez dans le sein de votre gloire cette ame qui bientôt n'eût été occupée que des pensées de votre éternité. Recevez ces desirs que vous lui aviez vous-même inspirés. Le temps lui a manqué et non pas le courage de les accomplir. Si vous demandez des œuvres avec ses desirs, voilà des charités qu'il a faites ou destinées pour le soulagement et pour le salut de ses frères; voilà des ames égarées qu'il a ramenées à vous par ses assistances, par ses conseils, par son exemple; voilà ce sang de votre peuple, qu'il a tant de fois épargné; voilà ce sang qu'il a si généreusement répandu pour nous; et, pour dire encore plus, voilà le sang que Jésus-Christ a versé pour lui.

Ministres du Seigneur, achevez le saint sacrifice. Chrétiens, redoublez vos vœux et vos prières, afin que Dieu, pour récompense de ses travaux, l'admette dans le séjour du repos éternel, et donne dans le ciel une paix sans fin à celui qui nous en a trois fois procuré une sur la terre, passagère à la vérité, mais toujours douce et toujours desirable.

FIN DE L'ORAISON FUNÈBRE DE TURENNE.

ORAISON FUNÈBRE

DE TRÈS HAUT ET TRÈS PUISSANT SEIGNEUR

MESSIRE CHARLES DE SAINTE-MAURE,

DUC DE MONTAUSIER, PAIR DE FRANCE,

PAR FLÉCHIER.

ORAISON FUNÈBRE

DE TRÈS HAUT ET TRÈS PUISSANT SEIGNEUR

MESSIRE CHARLES DE SAINTE-MAURE,

DUC DE MONTAUSIER, PAIR DE FRANCE;

Prononcée dans l'église des Carmélites du faubourg Saint-Jacques, le 11 août 1690.

Sicut ambulavit in conspectu tuo, in veritate et justitia, et recto corde tecum, custodisti ei misericordiam grandem.

Comme il a marché devant vous, Seigneur, dans la vérité, dans la justice, et dans la droiture de cœur, vous lui avez conservé votre grande miséricorde. 3 Reg. c. 3.

Ce fut après un solennel et magnifique sacrifice[1] où coula le sang de mille victimes, dans la ferveur de la prière, en présence du Dieu d'Israël, que Salomon, déja rempli de son esprit et de sa

1 Mille hostias obtulit Salomon. 3 Reg. 3. Apparuit autem Dominus Salomoni. *Ibid.*

sagesse, fit cet éloge du roi son père; et c'est dans la solennité des saints mystères, parmi les vœux et les suffrages des fidèles, à la face de ces autels où Jésus-Christ, sauveur du monde, hostie pure et salutaire, se présente aux yeux de ma foi, et s'immole pour les vivants et pour les morts, que j'applique ce même éloge à très haut, très puissant seigneur, messire Charles de Sainte-Maure, duc de Montausier, pair de France, gouverneur de Normandie, chevalier des ordres du roi, ci-devant gouverneur de monseigneur le dauphin.

David avoit mérité ces louanges : ce roi qui se plaisoit dans la vérité, qui marchoit dans les sentiers de la justice, qui cherchoit le Seigneur dans toute l'étendue de son cœur, qui chantoit dans la paix des cantiques de Sion, qui brisoit dans la guerre la force des Philistins : ce roi, selon le cœur de Dieu, observateur de ses ordonnances, zélateur de sa sainte loi, ami des ames simples et fidèles, ennemi des esprits doubles et des mauvais cœurs, pécheur par fragilité, pénitent par réflexion, juste et saint par la grace et par la miséricorde de Dieu.

Je viens faire revivre ici les mêmes vertus et les mêmes miséricordes, et vous faire admirer un homme qui ne se détourna jamais de ses devoirs, qui, pour maintenir la raison, se roidit contre la coutume, qui n'eut jamais d'autre intérêt que celui de la vérité et de la justice, et qui ayant eu part à toutes les prospérités du siècle n'en a point eu à ses corruptions: un homme d'une vertu antique et nouvelle, qui a su joindre la politesse du temps à la bonne foi de nos pères, en qui la fortune n'a fait que donner du crédit au mérite, qui a sanctifié l'honneur et la probité par les règles et les principes du christianisme, qui s'est élevé par une austère sagesse au-dessus des craintes et des complaisances humaines, et qui, toujours prêt à donner à la vertu les louanges qui lui sont dues, a fait craindre à l'iniquité le jugement et la censure; vaillant dans la guerre, savant dans la paix; respecté, parcequ'il étoit juste; aimé, parcequ'il étoit bienfaisant; et quelquefois craint, parcequ'il étoit sincère et irréprochable.

C'est vous, divine Providence, qui m'avez conduit en ces lieux, pour recevoir les derniers gages de son amitié, et pour recueillir les derniers soupirs de sa pénitence. Vous vouliez qu'il me fût connu tout entier; et qu'après avoir vu sa modération dans les temps heureux de sa vie, je fusse aussi dans ses jours de douleur et d'infirmité le témoin de sa patience. Vous avez couronné sa piété, et vous m'avez destiné à honorer sa mémoire : faites servir à votre gloire les grands exemples qu'il a donnés; et comme vous formiez en lui, pour sa perfection, de saints desirs et de bonnes œuvres, inspirez-moi, pour l'édification de mes auditeurs, d'efficaces et justes louanges.

Ne craignez pas, messieurs, que l'amitié ou la reconnoissance me préviennent. Nous parlons devant Dieu en Jésus-Christ, dit l'apôtre [1]; et je puis dire comme lui: Vous savez, mes frères, que la flatterie jusqu'ici n'a pas régné dans les discours que je vous ai faits : *Neque enim aliquando fuimus in sermone adulationis, sicut scitis* [2]. Oserois-je dans celui-ci, où la franchise et la candeur font le sujet de nos éloges, employer la fiction et le mensonge? Ce tombeau s'ouvriroit, ces ossements se rejoindroient et se ranimeroient pour me dire: Pourquoi viens-tu mentir pour moi, qui ne mentis jamais pour personne? Ne me rends pas un honneur que je n'ai pas mérité, à moi

1 2 Cor. 2.

2 1 Thess. 2.

qui n'en voulus jamais rendre qu'au vrai mérite. Laisse-moi reposer dans le sein de la vérité, et ne viens pas troubler ma paix par la flatterie que je hais. Ne dissimule pas mes défauts, et ne m'attribue pas mes vertus; loue seulement la miséricorde de Dieu, qui a voulu m'humilier par les uns et me sanctifier par les autres.

Je me renferme donc dans les paroles de mon texte, et me destine à vous faire voir l'amour de la vérité, le zèle de la justice, l'esprit de droiture, qui sont le caractère de ce grand homme que vous regrettez, et que vous louez avec moi. Si je n'observe pas dans ce discours tout l'ordre et toutes les règles de l'art, pensez qu'il y a je ne sais quoi de désordonné dans la tristesse, que les grands sujets sont à charge à ceux qui les traitent, et que c'est ici une effusion de mon cœur, plutôt qu'un ouvrage et une méditation de mon esprit.

PREMIÈRE PARTIE.

Quoiqu'il n'y ait rien de si naturel à l'homme que d'aimer et de connoître la vérité, il n'y a rien qu'il aime moins, et qu'il cherche moins à connoître. Il craint de se voir tel qu'il est, parcequ'il n'est pas tel qu'il devroit être; et pour mettre à couvert ses défauts, il couvre et flatte ceux des autres. Le monde ne subsiste plus que par ses complaisances mutuelles. Il semble que l'esprit de mensonge, que Dieu menaçoit de répandre sur ses prophètes [1], soit répandu sur tous les hommes. On n'a plus ni le courage de dire la vérité, ni la force de l'écouter. La sincérité passe pour incivilité et pour rudesse. Il n'y a presque plus d'amitié qui soit à l'épreuve de la franchise d'un ami. L'esprit fécond en déguisements s'étudie à défigurer, selon ses besoins ou ses intérêts, tantôt les vices, tantôt les vertus; et la parole, qui est l'image de la raison et comme le corps de la vérité, est devenue l'organe de la dissimulation et du mensonge.

Charles de Sainte-Maure se sauva par la miséricorde de Dieu de cette corruption commune. Il naquit avec ces inclinations libres et généreuses, qui affranchissent l'ame de toute autre loi que de celle de ses devoirs. Le ciel versa dans son esprit et dans son cœur ces principes d'honneur et d'équité, qui font qu'on produit, sans rougir, ses sen-

1 3 Reg. 22

timents et ses pensées. La feinte ne pouvoit rien ajouter à sa gloire, et l'art en lui ne pouvoit mieux faire que la nature. Son illustre maison, dont l'origine s'est perdue dans les obscurités du temps, lui fournissoit depuis sept cents ans de grands exemples. Il y trouvoit une noblesse toujours pure par ses vertus, toujours utile par ses services, toujours glorieuse par son rang, par ses emplois, par ses alliances. Il voyoit dans l'histoire ses ancêtres, tantôt soutenant avec éclat les premières dignités du royaume; tantôt, dans l'assemblée des seigneurs de plusieurs provinces, s'intéressant pour les droits et pour les libertés des peuples; tantôt allant avec des troupes nombreuses, levées à leurs dépens, reprendre les terres que des seigneurs voisins leur avoient usurpées; plus touchés de l'honneur que de l'intérêt, aussi peu capables de souffrir une injustice que de la commettre.

Mais il racontoit avec plaisir les services que son aïeul avoit rendus à Henri IV, de glorieuse mémoire, et plus encore les conseils sages et libres qu'il lui donnoit; ajoutant à son récit : « Que ses « pères avoient toujours été fidèles serviteurs des « rois leurs maîtres, mais qu'ils n'avoient pas été « leurs flatteurs; que cette honnête liberté dont

« il faisoit profession étoit un droit acquis, et une « possession de famille, et que la vérité étoit ve- « nue à lui de père en fils, comme une portion de « son héritage. »

La mort lui enleva, dès les premières années de son enfance, un père, dont la perte auroit été irréparable, s'il ne fût tombé sous la conduite d'une mère de l'ancienne maison de Château-briant, qui, renonçant d'abord à toute sorte de vanités et de plaisirs, pour vaquer dans une triste et laborieuse viduité aux affaires de sa famille, et contenant sous les lois d'une austère vertu et d'une exacte modestie une grande beauté et une florissante jeunesse, sacrifia toutes les douceurs et tout le repos de sa vie à la fortune et à l'éducation de ses enfants. Charles étoit encore en cet âge où l'on ne suit que les premiers instincts de la liberté. Un feu, que la raison n'avoit pas encore modéré, le révoltoit contre la discipline et la contrainte. Elle réprima, par une sage sévérité, les premières vivacités de son esprit, et les saillies naturelles d'une fierté encore naissante. Elle le plia avec douceur sous le joug de l'autorité maternelle, l'accoutumant insensiblement à une vie simple et patiente; et, comme elle n'eut pas pour lui ces complaisances foibles qui amollissent la raison et le courage des enfants, elle ne souffrit pas en lui ces délicatesses qui affoiblissent le tempérament et la vigueur du corps et de l'ame.

Mais, hélas! elle employa ses premiers soins à lui apprendre les principes d'une fausse religion [1]. Égaré dès qu'il entra dans les voies de Dieu; nourri depuis par les maîtres mêmes de l'erreur, et dans le sein, pour ainsi dire, de l'hérésie, il prit une profane nouveauté pour la vénérable antiquité de l'Église. Sensible à tous les malheurs du parti, attentif à tout ce qui flattoit ses préventions, se mêlant, tout enfant qu'il étoit, dans les conversations et les disputes, il suppléoit par son ardeur à ce qui manquoit à sa connoissance; et, dans un âge où l'on ne sait pas encore sa religion, il défendoit déja la sienne.

O Dieu de vérité! vous n'avez pas fait cet esprit pour le mensonge; laissez couler sur lui, du sein de votre gloire, un de ces rayons pénétrants de votre grace lumineuse, qui portent le vrai dans le fond des cœurs, et ne permettez pas que l'erreur et la vanité le possèdent : ou, si vous laissez

1 A Sédan, sous le ministre Du Moulin.

croître ses ténèbres, pour avoir plus de gloire à les dissiper, gardez-lui une miséricorde d'autant plus grande que son zèle ardent et ses intentions sincères le justifient à lui-même, et qu'il croit faire honneur à la vérité dans l'hommage même qu'il rend au mensonge.

Vous dirai-je le progrès qu'il fit dans la connoissance des lettres humaines, le goût qu'il eut pour la poésie et pour l'éloquence, dont il apprit non-seulement toutes les beautés, mais encore toutes les règles; l'étude qu'il fit de cette noble et savante antiquité, qu'il regardoit comme la source de la raison et de la politesse de nos siècles? Un amour curieux des livres, une avidité de savoir, une assiduité, et, si je l'ose dire, une intempérance de lecture, ont été les passions de sa jeunesse. Vous parlerai-je de ces campagnes, où, la gloire allumant les premiers feux de son courage, il fit voir dans les siéges de Rosignan et de Casal, par les services qu'il rendit, ceux que le prince et la patrie en pouvoient attendre? Animé par les exploits éclatants d'un frère dont la réputation ne pouvoit égaler le mérite, il eut part aux louanges que lui donnèrent justement et ses ennemis et ses maîtres.

La bienséance et la coutume, et plus encore les

devoirs de sa condition et de sa naissance, l'engagèrent à se mêler dans la foule des courtisans, pour révérer la grandeur et la majesté d'un roi [1] plein de religion et de justice, et pour gagner la faveur et l'estime d'un grand ministre [2] qui connoissoit la vertu, et qui distribuoit la fortune. On lui dit mille fois que la franchise n'étoit pas une vertu de la cour; que la vérité n'y faisoit que des ennemis: qu'il falloit, pour y réussir, savoir, selon les temps, ou déguiser ses passions, ou flatter celles des autres; qu'il y avoit un art innocent de séparer les pensées d'avec les paroles, et que la probité pouvoit souffrir ces complaisances mutuelles, qui, étant devenues volontaires, ne blessent presque plus la bonne foi, et maintiennent la paix et la politesse du monde.

Ces conseils lui parurent lâches. Il alloit porter son encens avec peine sur les autels de la fortune, et revenoit chargé du poids de ses pensées, qu'un silence contraint avoit retenues. Ce commerce continuel de mensonges ingénieux pour se tromper, injurieux pour se nuire, officieux pour se cor-

1 Louis XIII.

2 Le cardinal de Richelieu.

rompre; cette hypocrisie universelle, par laquelle chacun travaille à cacher de véritables défauts ou à produire de fausses vertus; ces airs mystérieux qu'on se donne pour couvrir son ambition ou pour relever son crédit; tout cet esprit de dissimulation et d'imposture ne convint pas à sa vertu. Ne pouvant s'autoriser encore contre l'usage, il fit connoître à ses amis qu'il alloit à l'armée faire sa cour par des services effectifs, non pas par des offices inutiles; qu'il lui coûtoit moins d'exposer sa vie que de dissimuler ses sentiments; et qu'il n'achèteroit jamais ni de faveur ni de fortune aux dépens de sa probité.

Il ne voulut apprendre d'autre langage que celui de l'évangile[1], oui, oui, non, non: effectif dans ses résolutions, fidèle dans ses promesses, plus prêt à tenir sa parole qu'à la donner, tout vrai dans ses actions et dans sa conduite. Aussi n'eut-il besoin, pour s'élever dans sa profession, ni de sollicitations, ni d'artifices. Sa prudence, son application, sa valeur, lui attirèrent l'estime et la confiance des deux plus renommés capitaines[2]

1 Sit autem sermo vester, est, est, non, non. MATTH. 5, 37.

2 Le duc de Weimar, et le maréchal de Guébriant.

de son temps, qui, dans les guerres d'Allemagne, s'étoient servis utilement de son secours et de ses conseils dans la suite de leurs victoires.

L'Alsace, qui avoit été le théâtre de ses travaux, en fut aussi la récompense. Quelle nouvelle matière de gloire pour lui ! l'ennemi redoutable et voisin, un peuple qui n'étoit qu'à demi soumis, le peu de secours qu'il pouvoit attendre, une province qu'on lui donnoit plutôt à conquérir qu'à gouverner : tant de difficultés ne firent qu'animer sa constance; et, par des combats presque journaliers ayant affermi son gouvernement, il le rendit, par sa modération, un des plus heureux et des plus tranquilles du royaume.

Il revint à la cour, et ne se prévalut ni des louanges, ni des espérances qu'on lui donna : il joignoit la retenue du jugement à la hardiesse du courage. Quoiqu'il aimât la gloire, il la cherchoit dans ses actions, non pas dans le témoignage des hommes. Il n'a voulu contribuer à sa réputation autre chose que son mérite. De toutes les vérités, il n'a caché que celles qui lui étoient avantageuses; et rien n'a jamais pu affoiblir sa sincérité, que sa modestie. Nous savons pourtant, messieurs, que jamais ame ne fut plus fière ni plus intrépide : on le vit, à la bataille de Cerné, charger trois fois les ennemis, couvert de sang et de poussière, et dresser aux pieds de son général, comme un honorable trophée, trois drapeaux qu'il leur enleva. Il parut avec deux cents hommes, durant le siége de Brisach, renversant sur les bords du Rhin deux mille Allemands à la vue de leur armée.

Mais viens-je faire ici l'histoire sanglante de ses combats? et mon sujet n'a-t-il rien de plus édifiant et de plus doux? Déja se formoient dans le ciel ces nœuds sacrés qui devoient unir éternellement son cœur à celui de l'incomparable Julie[1]. Déja s'allumoient dans son ame ces feux ardents et purs, que la sagesse, la beauté, l'esprit, et un mérite universel, ont coutume de faire naître. L'admiration, l'estime, entretenoient cette sage et vertueuse passion, et plus encore une conformité de mœurs et d'inclination, qui fait les liaisons parfaites; même candeur dans leurs procédés, même élévation de génie et de courage, même penchant à la vertu, au préjudice de la fortune, même fidélité pour tous les devoirs de la vie, même goût pour la conversation et pour toute sorte de belles-

[1] Julie d'Angennes, depuis duchesse de Montausier.

lettres, même plaisir à faire du bien ; mais, parmi tant de ressemblance, une religion différente.

Tombez, tombez, voiles importuns, qui lui couvrez la vérité de nos mystères; et vous, prêtres de Jésus-Christ, qui depuis si long-temps offrez à Dieu, pour son salut, et vos vœux et vos sacrifices, prenez le glaive de la parole, et coupez sagement jusqu'aux racines de l'erreur, que la naissance et l'éducation avoient fait croître dans son ame. Mais par combien de liens étoit-il retenu? La chair et le sang, qui l'attachoient auprès d'une mère qu'il aimoit autant par reconnoissance et par raison que par tendresse de naturel : certaines vues d'honneur, qui lui faisoient craindre jusqu'aux moindres soupçons de changement et d'inconstance : le pouvoir que prenoit sur lui une première impression de vérité ou de justice : les réponses que les oracles du parti lui avoient rendues, et les soins qu'il avoit pris lui-même de s'aveugler par des lectures dangereuses, étoient autant d'engagements qui le lioient à sa communion.

Mais aussi, dans les recherches de sa foi, il lui étoit échappé quelque doute : la lecture des histoires de l'Église lui avoit fait entrevoir quelque nouveauté dans ces derniers temps ; des contestations et des disputes qu'il avoit eues, il étoit sorti je ne sais quelles clartés passagères, qui avoient laissé quelque trace de lumière dans son esprit. Il n'étoit pas de ces hommes tièdes à qui Dieu et le salut sont indifférents, qui demeurent sans mouvement où ils sont tombés, soit au midi, soit au septentrion, selon le langage de l'Écriture [1]; qui ignorent ce qu'ils croient, et n'ont une religion que par hasard, et non par lumière. Il savoit rendre raison de sa foi, comme l'apôtre le commande; et la connoissance que Dieu lui donna fut peut-être la récompense de son zèle.

Des lumières imperceptibles et successives dissipèrent une partie de ces nuages dont il étoit environné. Il demanda, et il reçut; il frappa, et on lui ouvrit : il reconnut dans l'Église de Jésus-Christ une puissance de décision qui nous fait croire ce qu'elle croit, pratiquer ce qu'elle ordonne, tolérer même avec soumission ce qu'elle tolère; et se faisant de cette créance une nécessité pour toutes les autres; docile, humble, pénitent, surmontant le monde par sa foi, et la nature par la grace, il alla, sous la conduite d'un grand prélat [2], aux

1 Eccli. xi.
2 M. Faur, évêque d'Amiens.

pieds des autels assujettir sa raison à l'autorité de l'Église, et faire un sacrifice de ses erreurs devant les ministres du Dieu de la vérité.

Quels ont été depuis les accroissements de sa foi! Avec quelle reconnoissance et quelle joie chantoit-il au Seigneur le cantique de sa délivrance! Avec quel zèle exhortoit-il quelques-uns de ses domestiques à rentrer comme lui dans le bercail de Jésus-Christ, leur fournissant et les livres et les raisons les plus propres à les convaincre! Avec quelle douceur et quelle charité consoloit-il en ces derniers temps quelques-uns de ses amis, dont il voyoit la conscience irrésolue et inquiète! Il les touchoit par ses conseils et par sa propre expérience; il leur racontoit ses combats, pour les exciter à gagner sur eux la même victoire; et, pour guérir leur opiniâtreté, il déploroit en leur présence la sienne propre.

Je ne vous dirai pas, messieurs, les commandements et les emplois de confiance qu'on lui destina; les solennités de son mariage, où toute la France s'intéressa; les gouvernements et les charges dont il fut pourvu dans des conjonctures où il étoit difficile de les soutenir. N'attendez pas que je vous le représente se dérobant aux premières tendresses d'un chaste mariage, pour aller chercher la gloire sous les ordres d'un prince [1] toujours prêt à combattre, et toujours assuré de vaincre. Je ne veux pas non plus vous le faire voir conduisant le légat [2] de Sa Sainteté, montrant des vertus de l'ancienne Rome aux prélats de la nouvelle, et faisant admirer à cette nation une judicieuse sincérité, qui valoit mieux que ses subtilités et ses adresses.

Il est temps de venir au point de sa réputation et de sa gloire. Dieu, dont la providence veille au bonheur de ce royaume, l'appela à l'instruction et à la conduite de monseigneur le dauphin; et cette même sagesse qui, selon l'Écriture [3], fait régner les rois, lui apprit l'art de former une ame royale.

Que lui manquoit-il pour un si glorieux, mais si difficile ministère? Du savoir? Il avoit acquis par ses lectures continuelles des habitudes dans tous les pays et dans tous les siècles: il étoit devenu, pour ainsi dire, le spectateur et le témoin de la conduite de tous les princes: il avoit assisté

1 M. le prince de Condé.

2 Le cardinal Chigi, neveu d'Alexandre VII.

3 Prov. 8, 15.

à leurs conseils et à leurs combats : il connoissoit toutes les routes de la vertu et de la gloire ancienne et nouvelle. De la probité ? Rien n'étoit plus connu que son équité, son désintéressement, et la religion de sa parole : il pouvoit instruire, sans se rétracter et sans se condamner soi-même : ses exemples n'affoiblissoient pas ses préceptes, et il n'avoit point à justifier au prince ni aux courtisans la contrariété de ses mœurs et de ses règles. La piété ? Il avoit connu Dieu, et l'avoit toujours glorifié : il avoit regardé le libertinage comme un monstre, et dans la cour et dans les armées. Il avoit appris dans la loi de Dieu ce qu'elle défend et ce qu'elle ordonne : censeur zélé des vices, sans aigreur, sans indiscrétion ; chrétien de bonne foi, sans superstition, sans hypocrisie.

Le roi, qui, dans ses choix, en faisant justice au mérite, a toujours fait honneur à sa sagesse, s'applaudit même de celui-ci. Avec quelle confiance le substitua-t-il en sa place, dans l'un de ses plus importants et plus indispensables devoirs ! Avec quelle bonté voulut-il remettre lui-même ce dépôt sacré en des mains si pures et si fidèles ! Ayant sur lui tout le gouvernement de son peuple, il lui donna toute la conduite de son fils ; il lui recommanda le soin de l'instruction, et se chargea des grands exemples : il voulut que le siècle présent jouît de la félicité de son règne, et laissa à la conscience et à l'habileté de ce prudent gouverneur les espérances du siècle à venir.

Aussi quelle reconnoissance fut la sienne ! Il sacrifia ses plaisirs, ses intérêts et sa liberté ; il ne pensa plus qu'à ce jeune prince ; il n'eut plus d'esprit, il n'eut plus de cœur, que pour lui. De peur de s'amollir par la tendresse, il emprunta l'autorité du roi : de peur de rebuter par l'austérité des préceptes, il prit les entrailles du père ; et par ce juste tempérament, il avançoit en lui les fruits de la raison, et corrigeoit les défauts de l'âge.

Sa principale application fut de l'accoutumer à connoître et à souffrir la vérité. Il savoit que les grands naissent avec certaines délicatesses, qui retiennent dans un timide respect les courtisans qui les approchent ; qu'on ne leur présente jamais des miroirs fidèles ; qu'avant qu'ils sachent qu'ils sont hommes, et qu'ils sont pécheurs, on leur apprend qu'ils ont des sujets, et qu'ils sont les maîtres du monde.

Plus le prince qu'il gouvernoit avoit de bonté et de docilité naturelle, plus il éloignoit tout ce qui pouvoit le corrompre. Combien de fois arrêta-t-il une flatterie, qui, comme un serpent tortueux, alloit se glisser dans son ame! Combien de fois éteignit-il l'encens, dont la douce et maligne odeur auroit empoisonné une imagination encore tendre! Combien de fois lui fit-il faire la différence d'un ami d'avec un flatteur! Combien de fois leva-t-il d'une main sévère les premiers voiles, qu'une cour artificieuse alloit mettre devant ses yeux pour lui cacher quelque vérité ou quelque devoir!

Permettez que je me le représente ici comme ce cavalier que vit saint Jean dans l'Apocalypse : il s'appeloit fidèle et véritable, *fidelis et verax* [1]; montrant à cet auguste enfant les sources du vrai et du faux, et lui formant dans le monde, que saint Augustin appelle la région des faussetés et des mensonges, une ame innocente et sincère. Il portoit plusieurs couronnes, lui expliquant pour son instruction la différence des bons et des mauvais règnes. Il tenoit en ses mains un glaive luisant, pour couper les filets de ses passions naissantes, et les discours et les exemples qui pourroient les entretenir. Voilà quel étoit son amour pour la vérité : voyons quel étoit son zèle pour la justice.

[1] Apoc. 19, 11.

SECONDE PARTIE.

Il est difficile, quand on aime la vérité, qu'on n'ait aussi du zèle pour la justice, tant par cette union qui lie toutes les vertus, que par certaines règles d'ordre et de proportion que l'esprit cherche dans les actions aussi-bien que dans les paroles. Ces deux inclinations furent également fortes en M. de Montausier.

Il y avoit dans son cœur une loi d'équité sévère, qui le portoit à résister à toutes les passions désordonnées des hommes, et à rendre à chacun, ou le service, ou l'honneur, ou la protection, qu'il pouvoit espérer de lui. On le vit, dans la jeunesse, se faisant une espèce de crédit et d'autorité du fonds de ses bonnes intentions, pour s'opposer aux désordres, pour arrêter la fraude et la violence, et pour réduire tout à la discipline, supportant lui-même avec constance toutes les fatigues et toutes les contraintes que lui imposoient, dans les bornes de sa profession, la raison et l'ordre.

Cet esprit de justice n'a fait que croître avec son bonheur. Pour avoir sa protection, c'étoit assez d'être malheureux. Quelque inconnu qu'on fût, on n'avoit besoin d'autre recommandation auprès de lui que de celle que porte avec soi la vertu et l'innocence persécutée. Il n'avoit pas de ces froides indifférences, ni de ces foibles ménagements, qui font qu'on abandonne les affaires d'autrui pour ne s'en pas faire à soi-même. Partout où se pouvoit étendre son pouvoir, l'oppression et l'injustice n'étoient pas libres; et celui-là ne pouvoit s'assurer de son repos, qui troubloit le repos des autres. A-t-il craint d'irriter les puissants, quand il a pu secourir les foibles? A-t-il plié sous la grandeur, lorsqu'elle s'est trouvée injuste? A-t-il manqué de hardiesse, et lui a-t-il fallu d'autre droit que celui de la protection et de la charité commune, quand il a pu défendre les gens de bien?

N'a-t-il pas eu, dans la licence même de la guerre, une constante et scrupuleuse retenue, dans un temps où la confusion régnoit encore dans les armées, où l'on croyoit que le soldat devoit s'enrichir non-seulement des dépouilles de l'ennemi, mais encore de celles des peuples, et où, par des condescendances nécessaires, on pardonnoit un peu d'avarice et de dureté, pour entretenir le courage et la bonne humeur des gens de guerre? Il ne s'en tint pas à ces coutumes, il se régla sur une prudente équité, non pas sur un barbare droit des armes; modeste, désintéressé, songeant à des acquisitions d'honneur et de gloire, non pas aux biens et aux commodités de la vie; généreux pour les autres, sévère et dur à lui-même, et partageant avec les moindres officiers ses biens par libéralité, et leurs fatigues par constance.

Il eut même des égards pour les ennemis, ne croyant pas que tout ce qui étoit permis fût expédient, et disant quelquefois : « Faisons-leur craindre notre valeur, non pas notre cupidité. » Aussi ne laissa-t-il jamais après lui de traces funestes de ses passages, et, sa conscience lui rendant justice à son tour, il n'eut pas besoin de réparer sur ses vieux ans les torts qu'il avoit faits en sa jeunesse, ni de restituer aux enfants ce qu'il avoit autrefois injustement exigé des pères.

Quelle pensez-vous que fut son occupation dans ses gouvernements? La justice. Plein des maximes d'honneur et de probité, dont il savoit toutes les lois, il retenoit la noblesse dans l'ordre; il étouffoit les querelles dans leur naissance, gagnant les uns par persuasion, arrêtant les autres par autorité, compensant les satisfactions avec les injures, rendant à l'honneur et au droit de chacun ce que l'avarice ou la colère en avoit ôté; mettant les uns à couvert de l'insulte, et les autres hors d'état de nuire. Il coupoit ainsi, par une équité décisive, sans préoccupation et sans intérêt, les racines des haines et des procès, et portoit par-tout la modération et la paix, qui est le fruit de la justice.

Mais quel fut son zèle et sa vigilance dans les calamités publiques! Il jouissoit à la cour de la douceur du repos et de la gloire où le ciel venoit d'élever sa famille, lorsqu'un mal funeste et contagieux se répandit et s'échauffa dans les principales villes de Normandie, soit que l'intempérie des saisons eût laissé dans les airs quelque maligne impression, soit qu'un commerce fatal y eût apporté des pays éloignés, avec de fragiles richesses, des semences de maladie et de mort, soit que l'ange de Dieu eût étendu sa main pour frapper cette malheureuse province. Il y accourut. Dans cette affliction qui dérange tout, où d'ordinaire on est perdu, parcequ'on est abandonné, où chacun, occupé de ses propres craintes, oublie les malheurs d'autrui, et où l'horreur d'une mort prochaine semble justifier les infidélités que l'on se fait les uns aux autres, la raison fit en lui ce que ne fait ordinairement ni le sang ni la nature. Il répondit à ceux qui lui représentoient ses dangers : « qu'il devoit l'ordre et la protection à ce « peuple; qu'étant établi pour le gouverner, il l'é-« toit aussi pour le secourir, et que sa vie ne lui « étoit pas plus précieuse que son devoir. » Il ranima les citoyens par sa présence, les excitant à s'entr'aider par des offices mutuels; et par une exacte police, qui coupoit les communications mortelles pour en ouvrir de salutaires, il sauva ce peuple qui avoit perdu toute espérance de santé, et toute mesure de prudence.

Mais à quoi m'arrêté-je, messieurs? n'ai-je pas de plus nobles idées à vous donner de sa vertu? Si la fidélité est une justice que chacun doit à son souverain, quel sujet en a jamais fourni de plus grands exemples? Que ne puis-je vous exprimer les sentiments d'admiration, de vénération, et, si je l'ose dire, de tendresse, qu'il eut pour le roi? Par combien de liens tenoit-il à lui! Tantôt il recueilloit tous ses bienfaits dans son esprit, pour multiplier sa reconnoissance. Tantôt il pensoit à ses expéditions militaires, pour faire le récit de ses travaux, et pour compter le nombre de ses victoires. Tantôt il le voyoit au milieu de sa magnificence et de sa splendeur, pour s'éblouir de sa majesté, et se réjouir de sa gloire, et quelquefois il se dépouilloit de toute idée de sa puissance et de sa grandeur, pour avoir le plaisir d'honorer gratuitement le mérite de sa personne. Que ne puis-je vous représenter la forte passion qu'il eut pour l'état, dont les intérêts lui furent plus chers et plus sensibles que les siens propres! Quelle étoit son indignation contre ceux à qui le bien public est indifférent, et qui ne se comptant et ne se regardant qu'eux-mêmes, sans honneur et sans charité, abandonnent au hasard le reste du monde!

Dans le cours de ces fatales années où la discorde alluma dans le sein de la France le feu de tant de passions, qui firent tant de malheureux et tant de coupables (ne craignez pas, messieurs, je parle d'un homme sage qui ne sortoit jamais de ses devoirs, qui n'a besoin de grace ni d'apologie, et en qui il n'y a point eu d'erreur à plaindre ni de faute à justifier), sa fidélité fut inébranlable. Retiré dans la province de Saintonge, où se formoient déja des factions, il les arrêta par sa vigilance et par son courage. Les sollicitations d'un prince [1] qui l'honoroit de sa bienveillance, les mécontentements qu'il avoit reçus du ministre [2], ne purent jamais le toucher. Il surmonta ces deux tentations délicates, et lui seul peut-être a la gloire d'avoir résisté tout d'un coup, pour le service de son maître, à la force de l'amitié, et au plaisir de la vengeance; il gagna la noblesse déja presque demi-séduite; il fit des siéges, donna des combats, prit des villes, et prodigua son sang et sa vie pour assurer au roi cette province, que sa situation et les conjonctures du temps avoient rendue très importante.

Quelle justice lui rendit-on? On approuva ses services, et bientôt on les oublia. Dans ces jours de confusion et de trouble, où les graces tomboient sur ceux qui savoient à propos se faire soupçonner ou se faire craindre, on le négligea comme un serviteur qu'on ne pouvoit perdre, et l'on ne songea pas à sa fortune, parcequ'on n'avoit rien à craindre de sa vertu. Mais sa constance le soutint, et la providence de Dieu réservoit au roi l'honneur de récompenser cette ame fidèle.

1 Le prince de Condé.

2 Mazarin.

Descendons à l'équité de son cœur dans sa conduite particulière. Quels furent ses sentiments pour ses amis! Ici se réveille ma reconnoissance, mes entrailles s'émeuvent, et l'image d'un bonheur dont je jouissois me fait souvenir que je l'ai perdu. Sa bonté prévint pour cette fois son jugement : d'ailleurs son amitié ne se donnoit point au basard, c'étoit le prix de son estime. Elle ne s'affoiblissoit jamais ni par le temps ni par l'absence, et rien ne dérangeoit dans son cœur ce que le mérite y avoit une fois placé. On ne craignoit point avec lui les inégalités ni les défiances; il ne savoit se démentir; et sa bonne foi sembloit lui répondre de celle des autres. Quelque indulgence qu'il eût pour ceux qu'il aimoit, il ne s'aveugloit pas sur leurs défauts : également sincère et charitable, il avoit le courage de les reprendre, ou le plaisir de les excuser. Fidèle dans leurs disgraces, il osa les louer et les servir en des temps où les autres n'osoient presque pas les plaindre. Dans leurs prospérités, il estima leur modération, et se réserva le droit de les avertir de leur orgueil. Il leur laissoit, dans l'agréable commerce qu'il avoit avec eux, toute la liberté qu'il prenoit lui-même de soutenir leurs opinions, et ne leur interdisoit que la flatterie.

Avec quelle chaleur s'intéressoit-il à leurs satisfactions ou à leurs peines! Les a-t-il jamais amusés par des caresses, quand ils ont attendu de lui des offices effectifs? Qui est-ce qui a jamais porté plus de vœux et plus de prières au pied du trône? J'ai cet avantage dans ce discours, qu'il n'y a personne ici de ceux qui ont eu part à son amitié, qui ne reconnoisse et qui n'ait ressenti ce que je dis.

Vous le savez, nobles génies, qui cultivez votre esprit, et qui rendez à Dieu, le Seigneur des sciences, l'hommage de vos pensées. Vous avez été souvent surpris et de ses bontés et de ses lumières. Il pesoit les esprits, et donnoit à chacun le rang qu'il méritoit. Personne ne connut mieux l'excellence de leurs ouvrages, et personne ne sut mieux les estimer. Il les encourageoit, et tâchoit de les rendre utiles. Il leur procura souvent les graces du roi, et leur donna toujours ce qui étoit en ses mains, et ce qu'ils aiment quelquefois davantage, la louange et la gloire.

Combien étoit-il juste et charitable à l'égard de ses domestiques! Chez lui les races se perpétuoient, les pères laissoient comme un héritage à leurs enfants la protection d'un si bon maître.

Environné d'une foule de serviteurs, il cherchoit à chacun une fortune qui lui fût propre. Désintéressé pour lui, empressé pour eux, il ne sentoit jamais mieux son bonheur que lorsqu'il pouvoit faire le leur. Le nombre pouvoit être à charge à sa dépense, mais non pas à sa générosité. Il savoit bien qu'il n'avoit pas besoin de tout ce monde, mais il croyoit que tout ce monde avoit besoin de lui; et il le gardoit moins pour servir d'éclat à sa grandeur, que pour servir de matière à sa bonté.

De ce même principe naissoit son amour pour les pauvres. Aux termes de l'Écriture [1], l'aumône est une justice. Ce que nous appelons un don, le Sage le nomme une dette [2], et la mesure de la miséricorde que nous attendons est la miséricorde que nous aurons faite. Pénétré de ces vérités, il répandoit abondamment sur toute sorte de misérables les secours de sa charité. Il n'attendit pas à la mort à consacrer à Jésus-Christ une partie de ses richesses; il savoit qu'une charité tardive, selon les pères de l'Église, avoit plus d'avarice que de piété; qu'il faut exécuter soi-même son testament et ses

1 Ps. 110.

2 Eccli. 4.

legs pieux ; et faire un sacrifice de religion et une distribution volontaire de ses aumônes.

Que ne puis-je révéler les secrets de sa charité ? Vous verriez ici l'éducation d'une fille à qui la pauvreté pouvoit donner de mauvais conseils ; là, les études d'un pupille, que Dieu, par le moyen de sa charité, a conduit aux fonctions de son sacerdoce : ici, une noblesse indigente poussée par ses charitables secours au service du prince et de la patrie ; là, un mérite naissant, qu'auroit accablé le poids de sa mauvaise fortune, relevé par ses libéralités. Sortez de ces retraites où la misère et la honte vous cachent, familles infortunées, et dites-nous par quelles adresses il fit couler jusqu'à vous ses assistances imprévues. Et vous, asiles sacrés des disgraces de la nature ou de la fortune, monuments éternels de sa piété, hôpitaux dressés par ses soins et par ses bienfaits dans les villes de ses gouvernements, pour les mettre à couvert d'une importune mendicité, faites retentir jusqu'au ciel les vœux et les prières des pauvres que vous renfermez. Voilà sa justice, messieurs, il ne me reste plus qu'à vous montrer son esprit de droiture.

TROISIÈME PARTIE.

La droiture est une pureté de motif et d'intention qui donne la forme et la perfection à la vertu, et qui attache l'ame au bien pour le bien même. C'est à cette génération simple et droite que l'esprit de Dieu promet dans ses écritures, tantôt les bénédictions qu'il verse sur ceux qui le craignent[1], tantôt les lumières qu'il tire, quand il veut, du sein des ténèbres[2], tantôt le plaisir des approbations et des louanges[3], tantôt la joie d'une tranquille conscience[4].

C'est ici la gloire de mon sujet. Quel homme est jamais moins entré dans les voies obliques des passions et des intérêts que celui que nous regrettons? La connoissance de ses devoirs lui servoit de raison pour les accomplir, et ses intentions étoient toujours aussi bonnes que ses actions. Quelles furent donc ses règles? L'ambition, selon lui, n'avoit rien

1 Ps. 111.

2 *Ibid.*

3 Ps. 63.

4 Ps. 96.

de noble; elle conduisoit la vertu par des moyens et à des fins qui sont souvent indignes d'elle : il disoit quelquefois « que les ambitieux qu'on loue « tant étoient des glorieux qui font des bassesses, « ou des mercenaires qui veulent être payés. » Aussi n'eut-il jamais en vue de bien faire pour être heureux; et ce qui le conduisit aux charges et aux dignités, il le fit pour les mériter, et non pas pour les obtenir.

L'intérêt et l'amour du bien ne purent jamais le tenter; et, dans tout le cours de sa vie, il n'eut ni le soin ni le desir d'en acquérir. La succession d'une tante [1], dame d'honneur d'une grande reine, sembloit devoir grossir le patrimoine de ses pères; mais rebuté des affaires et des procès dont son esprit étoit incapable, il relâcha ce qu'on voulut, et crut que c'étoit un gain que de savoir perdre. Contraint de racheter sa liberté, après une longue prison, durant les guerres d'Allemagne, il employa et son argent et son crédit pour ramener les officiers qu'abandonnoit à leur triste captivité l'indigence ou l'avarice de leurs familles.

Deux principes le firent agir, la probité, la reli-

1 Madame de Brassac.

gion : l'une lui donnoit le desir d'être utile, l'autre le portoit à travailler à son salut. Quels sincères enseignements a-t-il donnés à monseigneur pour le bien public et pour sa gloire! Il n'y a rien de si difficile que d'élever un jeune prince qui est né pour la royauté. Il faut lui inspirer de la hardiesse sans présomption, lui faire sentir ce qu'il doit être, et lui faire connoître ce qu'il est. Il suffit de lui faire voir en éloignement le trône où il doit être assis, et de lui essayer, pour ainsi dire, la couronne, afin qu'il sache la porter quand la providence de Dieu la fera tomber sur sa tête. Il est nécessaire de lui donner tout ensemble les vertus d'un roi et celles d'un particulier; lui montrer la gloire du commandement et le mérite de l'obéissance, et lui apprendre à dire, comme ce centenier de l'évangile : *Homo sum sub potestate constitutus, habens sub me milites, et dico huic : vade, et vadit* [1]. Je vois des peuples sous ma puissance, mais j'ai une puissance au-dessus de moi : je commande des armées, mais j'exécute ce qu'on m'ordonne : j'ai des sujets, mais j'ai un maître.

C'étoient les enseignements que lui donnoit

1 MATTH. 8 9.

M. le duc de Montausier. Il lui inspiroit la modération, en lui élevant le courage : il lui formoit ce cœur docile que Salomon demandoit à Dieu pour la conduite de son peuple : il lui marquoit les justes mesures de sa grandeur, en l'instruisant de ce qu'un roi doit à ses sujets, et de ce qu'un fils doit à son père.

Combien de fois lui a-t-il dit, que la fin principale et la première loi du gouvernement étoit le bonheur des peuples; que la vérité et la fidélité sont les vertus essentielles des princes, qui sont les images du vrai Dieu, et les arbitres de la foi publique; et que les plus grands royaumes et les plus longs règnes n'étant devant Dieu qu'un point de grandeur et un moment de durée, les souverains devoient apprendre à être doux et modérés dans leur puissance, et soupirer après une gloire tout immortelle et toute divine! Que ne m'est-il permis d'exposer ici ces sages et saintes maximes que la fidélité lui fit écrire, que la modestie lui a fait cacher, et qui paroissent, selon ses desirs, avec plus d'éclat dans la vie du prince qui les pratique, soit qu'il aille lancer la foudre que le roi lui a mise en main, soit qu'il vienne jouir ici de la gloire qu'il s'est acquise? Rappelez en votre mémoire avec quelle tendre et sensible joie il recueillit ce qu'il avoit semé dans l'ame de ce jeune vainqueur, louant sa bonté, sa douceur, sa libéralité, sa religion, et sa justice, et le félicitant de ses vertus, tandis que les autres le félicitoient de ses victoires.

N'étoit-ce pas ce même esprit de probité qui le poussoit à donner tant de bons avis et de salutaires conseils? Il eût voulu corriger tous les abus, et réformer tous les défauts qu'il connoissoit sur les idées de perfection que sa sagesse lui avoit faites. Son âge, son crédit, ses dignités, et je ne sais quoi d'austère et de vénérable dans ses mœurs et dans sa personne, lui avoient acquis une espèce d'autorité universelle, contre laquelle le monde n'osoit réclamer.

Ceux mêmes qui pouvoient ne pas aimer son zèle étoient obligés de le louer, et trouvoient de la vertu dans ses défauts mêmes. On pouvoit jeter dans son ame quelques fausses impressions; mais il suivoit toujours du moins l'ombre de la vérité et de la justice : et, quelque ascendant qu'on eût sur lui, on pouvoit le prévenir, mais on ne pouvoit le corrompre. S'il disputoit avec ardeur, ce n'est pas qu'il voulût assujettir le monde à ses opinions.

mais le réduire à la vérité qu'il connoissoit, ou que du moins il croyoit connoître. Attaché à ses sentiments par persuasion et non par caprice, souvent contraire aux avis des autres, parceque souvent ils étoient injustes ou déraisonnables, conservant toujours dans les chaleurs et dans les vivacités de son esprit la bonté et la tendresse même de son cœur.

Si sa droiture fut le motif de tant de vertus, sa religion fut le motif et la cause de sa droiture. Ne vous figurez pas une dévotion de spiritualités imaginaires, qui se nourrit de réflexions, et qui laisse les saintes pratiques: sa foi étoit comme son cœur, simple et solide. Ne pensez pas à cette vaine et fastueuse religion qui se répand toute au dehors, et qui n'a que le corps et la superficie des bonnes œuvres : tout étoit intérieur en lui. Loin d'ici cette piété d'imitation et de complaisance, qui porte dans le sanctuaire des vœux intéressés et profanes, qui, sous un feint amour de Dieu, couvrant les desirs et les espérances du siècle, fait servir les mystères et les sacrements de Jésus-Christ à l'ambition et à la fortune des pécheurs par une affectation sacrilége. Qui de vous oseroit le soupçonner de respect humain ou d'hypocrisie?

Il cherchoit Dieu, selon le conseil de l'Apôtre [1], dans la simplicité et la sincérité de son cœur. Y eut-il jamais une foi plus vive que la sienne? On eût dit qu'il voyoit à découvert les vérités du christianisme, tant il en étoit persuadé. Il les croyoit et les aimoit. L'insensé ferma devant lui ses lèvres impies, et, retenant sous un silence forcé ses vaines et sacriléges pensées, se contenta de dire en son cœur: Il n'y a point de Dieu. Il assistoit tous les jours au saint sacrifice; et son attention et sa modestie imprimoient le respect aux ames les moins touchées de la révérence du lieu et de la sainteté du culte. Nous l'avons vu, frappé de ces murmures importuns qui interrompent les oraisons des fidèles, et troublent dans la maison de Dieu le vénérable silence des saints mystères, se lever avec indignation; et, faisant l'office des anciens diacres de l'Église, ordonner qu'on fléchît les genoux, et qu'on se tût devant la majesté présente, qui, pour être cachée, n'en étoit pas moins redoutable.

Y eut-il jamais d'adoration plus spirituelle et plus véritable que celle qu'il rendoit à Dieu? Il

1 2 Cor. 1, 12.

le reconnoissoit comme sa fin et son origine; et, quoiqu'il eût pour lui cet amour de préférence qui lui donnoit un empire absolu sur ses volontés, il se reprochoit de n'avoir pas pour lui toute la tendresse et toute la sensibilité qu'il ressentoit pour ses amis. Avec quelle effusion de cœur lui exprimoit-il ses nécessités spirituelles et celles de sa famille, dans ces prières pures et tendres qu'il avoit composées lui-même pour implorer ses miséricordes, ou pour lui offrir ses vœux et ses reconnoissances!

D'où puisoit-il toutes ses lumières? De la loi, qui en est la source éternelle. Il avoit lu cent treize fois le Nouveau-Testament de Jésus-Christ avec application et avec respect. Ministres de sa parole, destinés à la dispenser à ses peuples, l'avons-nous lue, l'avons-nous méditée si souvent? Les premiers chrétiens faisoient autrefois enterrer avec eux les livres des évangiles, portant jusque dans le tombeau le trésor de leur foi et le gage de leur résurrection éternelle; et celui que nous louons aujourd'hui les tint jusqu'à sa mort entre ses mains, et voulut expirer, pour ainsi dire, dans le sein de la vérité et de la miséricorde de Jésus-Christ.

C'est ici, messieurs, l'endroit sensible de mon

discours. Ne craignez pas pourtant que je me livre à ma douleur. J'ai vu cette grande miséricorde que Dieu lui avoit réservée, et j'ai pour moi toutes les consolations de la foi et de l'espérance des écritures. Dans la gloire d'une réputation qu'une vertu consommée lui avoit acquise, et que l'envie n'osoit plus lui disputer; dans une vigueur d'esprit et de corps, que l'âge et les maladies sembloient avoir jusque-là respectée, il tombe tout-à-coup dans ces ennuyeuses douleurs où l'on souffre sans secours et sans intervalle. La respiration, qui nous fait vivre, le fait mourir à tous moments. Les nuits, plus tristes que les jours, lui ôtent la douceur de la compagnie, et ne lui donnent pas celle du repos. Il ne peut ni s'étendre sur sa croix, ni trouver de situation ni de remède qui le soulage. Quels furent ses sentiments de piété dans ce temps de langueur et de patience!

Quel mépris du monde et de ses vanités! Il comptoit ses prospérités temporelles, dont il avoit toujours senti et le néant et le danger, et s'écrioit en soupirant: « Seroit-il possible, mon Dieu, que « ce fût là ma récompense! » Quelle horreur, mais quel repentir, du péché! Il repassoit les années de sa vie dans l'amertume de son ame; et se réveillant dans ses réflexions de pénitence : « Quatre-« vingts ans, disoit-il, quatre-vingts ans, Seigneur, « passés à vous offenser ! » Quelquefois se défiant de son propre cœur, et craignant qu'il ne fût pas assez profondément touché, il disoit : « Vous m'a-« vez appris dans vos écritures que le cœur de « l'homme est impénétrable ; le mien n'auroit-il « de pli et de repli que pour vous ? Vous trom-« perois-je ? me tromperois-je, ô mon Dieu ! » Une sainte frayeur des jugements divins le saisissoit. On voyoit sa foi dans ses yeux et dans ses paroles. La confiance chrétienne venant au secours : « J'ap-« proche, ajoutoit-il, du trône de votre grace ; je « vous amène un pécheur qui ne mérite point de « pardon ; mais vous m'ordonnez de le demander : « la miséricorde en vous est au-dessus du juge-« ment ; le sang de votre Fils n'est-il pas répandu « pour moi, et n'est-ce pas sa fonction d'effacer « les péchés du monde ? »

Dans cette ferveur de piété, les heures fatales s'avancent. Encore un coup, divine Providence, étois-je attendu, étois-je destiné à être le témoin et comme le ministre de son sacrifice ? Je vis ce visage que la crainte de la mort ne fit point pâlir ; ces yeux qui cherchèrent la croix de Jésus-Christ, et ces lèvres qui la baisèrent. Je vis un cœur brisé de douleur dans le tribunal de la pénitence, pénétré de reconnoissance et d'amour à la vue du saint viatique, touché des saintes onctions et des prières de l'Église; je vis un Isaac, levant avec peine ses mains paternelles pour bénir une fille que la nature et la piété ont attachée à tous ses devoirs, aussi estimable par la tendresse qu'elle eut pour lui que par l'attachement qu'il eut pour elle, et des enfants qui firent sa joie, et qui feront un jour sa gloire. Je vis enfin comment meurt un chrétien qui a bien vécu.

Que vous dirai-je, messieurs, dans une cérémonie aussi lugubre et aussi édifiante que celle-ci? Je vous avertirai que le monde est une figure trompeuse qui passe, et que vos richesses, vos plaisirs, vos honneurs, passent avec lui. Si la réputation et la vertu pouvoient dispenser d'une loi commune, l'illustre et vertueuse Julie vivroit encore avec son époux : ce peu de terre que nous voyons dans cette chapelle couvre ces grands noms et ces grands mérites. Quel tombeau renferma jamais de si précieuses dépouilles! La mort a rejoint ce qu'elle avoit séparé. L'époux et l'épouse ne sont plus qu'une même cendre; et tandis que leurs ames teintes du sang de Jésus-Christ reposent dans le sein de la paix, j'ose le présumer ainsi de son infinie miséricorde, leurs ossements humiliés dans la poussière du sépulcre, selon le langage de l'Écriture [1], se réjouissent dans l'espérance de leur entière réunion et de leur résurrection éternelle.

Offrez pourtant pour eux, prêtres du Dieu vivant, vos vœux et vos sacrifices; et vous, chastes épouses de Jésus-Christ, gardez religieusement ce dépôt sacré; arrosez-le des larmes de votre pénitence; attirez sur lui quelques regards de l'agneau sans tache que vous suivez, quand il va s'immoler sur tous ces autels, afin qu'étant purifiés par cette divine oblation des restes des fragilités humaines, ils chantent dans le ciel avec vous les miséricordes éternelles.

1 Exultabunt ossa humiliata. Ps. 50.

FIN DE L'ORAISON FUNÈBRE DE MONTAUSIER.

ORAISON FUNÈBRE

DE TRÈS HAUT ET TRÈS PUISSANT PRINCE

HENRI DE LA TOUR-D'AUVERGNE,

VICOMTE DE TURENNE,

PAR MASCARON.

ORAISON FUNÈBRE

DE TRÈS HAUT ET TRÈS PUISSANT PRINCE

HENRI DE LA TOUR-D'AUVERGNE,

VICOMTE DE TURENNE,

MARÉCHAL-GÉNÉRAL DES CAMPS ET ARMÉES DU ROI, COLONEL-GÉNÉRAL DE LA CAVALERIE LÉGÈRE, GOUVERNEUR DU HAUT ET BAS LIMOSIN;

Prononcée, en 1675, aux Carmélites du grand couvent de Paris, où son cœur fut déposé.

Proba me, Deus, et scito cor meum.

Éprouvez-moi, grand Dieu, et sondez le fond de mon cœur. Ps. 138.

Il n'y a rien que l'homme puisse moins soutenir que l'examen de son cœur, soit que Dieu en soit le juge, ou que les hommes en soient les arbitres. Les lumières de Dieu vont découvrir, jusque dans les plus secrets replis de notre ame, mille défauts que notre amour-propre nous cache et nous déguise à nous-mêmes; et les hommes, tout aveugles qu'ils sont, n'ont pas laissé de conserver un reste de connoissance maligne, qui leur fait entrevoir ce qu'il faudroit pour faire un cœur parfait, mais qui leur donne un penchant secret à croire que ce cœur n'est plus qu'en idée, et qu'on n'en trouve point sur la terre.

Aussi la situation la plus raisonnable où l'homme de bien puisse être là-dessus est de craindre beaucoup les jugements de Dieu, et de se mettre fort peu en peine de ceux des hommes. Il faut qu'uniquement attentif aux idées de vertu et de gloire que cette règle lui propose, il oublie presque s'il y a des spectateurs sur la terre, pour ne songer qu'à ce Dieu qui est en même temps le spectateur, le juge, et la couronne de ses actions. C'est là que le grand roi, de qui j'ai emprunté les paroles de mon texte, tournoit tous les mouvements de son cœur, lorsque, par une fierté sainte et héroïque dédaignant toutes les vaines opinions de la terre, il alloit apprendre des jugements de Dieu celui qu'il devoit faire de ses pensées et de ses actions: *Proba me, Deus, et scito cor meum.*

Je sens bien, messieurs, que je trahis les plus chers sentiments de l'illustre mort que nous pleurons, lorsque j'entreprends d'exposer à vos yeux les trésors d'un cœur que la nature avoit fait si grand, et que la grace avoit rendu si bon et si religieux. Jamais homme ne fut plus propre à donner de grands spectacles à l'univers; mais jamais homme ne songea moins aux applaudissements des spectateurs ; et dans ce moment je me représente si vivement de quel air ce grand homme rejetoit les louanges, et je me sens si fort frappé de cette manière, qui, sans avoir rien de dur, mettoit pourtant sur son visage tout le ressentiment d'une modestie indignée, qu'il s'en faut peu que je n'abandonne mon entreprise, et que je ne laisse à vos cœurs le soin de faire l'éloge d'un cœur que notre héros ne vouloit être connu et approuvé que de Dieu seul : *Proba me, Deus, et scito cor meum.*

Et, en vérité, cette sorte d'éloge lui seroit bien plus avantageuse que tout ce que l'éloquence pourroit produire de pompeux et de magnifique. Il y a de certains sujets, où l'auditeur, touché par avance, s'irrite que l'orateur entreprenne de lui inspirer quelque chose de nouveau. Le cœur ne peut souffrir que l'esprit, par des pensées particulières, vienne diviser un sentiment général qui le remplit et qui l'occupe tout entier. C'est l'état où je vous trouve, messieurs; vous sentez bien plus de choses sur ce sujet que vous n'en pensez. Votre ame, pénétrée de tout ce qu'étoit ce grand homme, se sent pleine d'une foule d'idées, qui, à force de se presser pour se faire voir tout-à-la-fois, se confondent, et ne font qu'un seul sentiment de tout ce que la vertu d'un héros peut inspirer de respect, d'admiration, de tendresse, et de douleur, à ceux qui l'ont admiré, qui l'ont aimé, et qui l'ont perdu. De sorte, messieurs, que votre imagination élevée au-dessus d'elle-même par la sublimité du sujet, poussée et soutenue par la tendresse et la douleur de vos cœurs, ne laisse rien à faire ni à vos pensées ni aux miennes; et personne ne pourra me reprocher d'être demeuré au-dessous d'une si riche matière, à qui je ne puisse faire le même reproche avec justice, s'il étoit chargé du même emploi.

Eh! où en serois-je réduit, messieurs, sans cette égalité d'impuissance, où la grandeur du sujet met tout ensemble les auditeurs et l'orateur? Car je ne me cache point à moi-même la difficulté de mon entreprise, et le peu d'espérance qu'elle laisse d'un heureux succès. Je sais que, pour répondre dignement à ce que vous attendez, il faudroit que l'on pût dire de moi ce qu'un historien a dit de six combattants à qui deux armées remirent autrefois la décision de leurs intérêts : ils combattirent en hommes qui étoient animés de l'esprit et du cœur des deux grands peuples qui les employoient : *Magnorum exercituum animos gerentes.* Pour louer dignement ce grand homme, ne faudroit-il pas que je fusse animé des sentiments de toute l'Europe ; de ceux de la cour, dont il étoit l'admiration ; de ceux des armées, dont il étoit l'ame et les délices ; de ceux des peuples, dont il étoit le bouclier et le défenseur ; de ceux de tout le royaume, dont il étoit l'ornement ; de ceux des ennemis, dont il étoit la terreur ; de ceux des honnêtes gens, dont il étoit le modèle, et plus que tout cela, de ceux de l'Église et des saints, dont il étoit l'amour et la joie ?

Souffrez donc que, pour me soutenir un peu dans un si grand dessein, et pour ne pas m'égarer dans la recherche des qualités héroïques d'un si grand homme, je suive l'idée que les divines écritures nous donnent en la personne d'un grand prince, d'un grand capitaine et d'un grand saint, et que, convaincu, comme je le suis, de la conformité du cœur de notre héros avec celui de David, j'adresse à toutes les conditions de la terre les paroles que David n'adressoit qu'à Dieu : *Proba me, et scito cor meum.* Sondez et examinez ce cœur, vous qui ne concevez point d'autre grandeur que celle qui vient des vertus militaires, et vous trouverez que, comme celui de David, il a eu toute la valeur et toute la conduite qui fait les grands capitaines. Sondez et examinez ce cœur, vous qui n'êtes sensibles qu'aux vertus douces de la morale et de la société civile, et vous trouverez que, comme celui de David, il a eu la bonté, la douceur, la modération, et toutes les qualités qui forment l'honnête homme et le sage. Sondez et examinez ce cœur, vous qui, plus éclairés que les autres, ne donnez votre approbation qu'aux vertus chrétiennes, et vous serez convaincus que, comme celui de David, il a été pénétré de foi, de religion, d'humilité, et de tous ces dons du Saint-Esprit, qui font les chrétiens et les saints : *Proba me, et scito cor meum.* Voilà, messieurs, le sujet et la division du discours que je consacre à la gloire immortelle de très haut et très puissant prince Henri de la Tour-d'Auvergne, vicomte de Turenne, maréchal-général des camps et armées du roi, colonel-général de la cavalerie légère, gouverneur de la province du haut et bas Limosin.

PREMIÈRE PARTIE.

Je sais, messieurs, que presque tous les peuples de la terre, quelque différents d'humeur et d'inclination qu'ils aient pu être, sont convenus en ce point d'attacher le premier degré de la gloire à la profession des armes; et soit que, par complaisance pour les plus forts, on ait voulu les élever sur tous les autres, soit que par flatterie on se soit laissé aller à consacrer la passion dominante des grands, ou que véritablement on n'ait rien trouvé au-dessus de cette fermeté d'ame qui fait mépriser les périls et la mort même, rien n'est si établi dans le monde que la supériorité de la gloire qui vient de la valeur, des victoires et des triomphes.

Cependant, si ce sentiment n'étoit appuyé que sur l'opinion des hommes, on pourroit le regarder comme une erreur qui a fasciné tous les esprits, et dont le monde est assez rigoureusement puni par le trouble et la désolation que l'amour d'une telle gloire cause dans tout l'univers. Du moins ne croirois-je pas que la chaire de la vérité fût destinée à louer les erreurs du genre humain, ni que les ministres du Seigneur, qui ne trempent plus leurs mains dans le sang des victimes, dussent être les panégyristes de ces actions dont le récit entraîne avec soi l'idée de tant de meurtres et de carnages.

Mais quelque chose de plus réel et de plus solide me détermine là-dessus; et si nous sommes trompés dans la noble idée que nous nous formons de la gloire des conquérants, grand Dieu! j'ose presque dire que c'est vous qui nous avez trompés. Car enfin, messieurs, sous quelle image plus pompeuse les saintes écritures, qui doivent régler nos sentiments, nous représentent-elles Dieu même, que sous celle d'un général, qui marche en personne à la tête des légions innombrables d'esprits qui combattent sous ses étendards? Elles nous le font voir sur un char tout brillant d'éclairs, la foudre à la main : la terreur et la mort marchent devant sa face, renversent ses ennemis à ses pieds, et, se faisant sentir aux choses insensibles mêmes, ébranlent jusqu'à leurs fondements, et ouvrent la terre jusqu'aux abîmes. Le plus auguste des titres que Dieu se donne à lui-même, n'est-ce pas celui de Dieu des armées? Les anges ne le font-ils pas retentir au-dessus de tous les autres dans le ciel même, qui est le centre de la paix? Et enfin, lorsque Dieu paroît sur la montagne de Sinaï, comme législateur, pour parler d'un ton de grandeur et d'une voix de magnificence, ne donne-t-il pas ses lois parmi les éclairs et les foudres?

Ainsi, messieurs, vous tous que la naissance et même la vocation du ciel appelle à cette glorieuse profession, qui est la défense des autels de Dieu, de l'autorité de votre prince, et de la sûreté de votre patrie, ne la regardez point comme un obstacle formel à votre salut et à votre gloire chrétienne. Ce que l'Église peut louer par la bouche de ses sacrés ministres, vous pouvez le pratiquer en chrétiens. Oui, vous le pouvez, et j'atteste sur cette vérité la gloire immortelle de ces héros généreux, qui ont autrefois composé les légions à qui la valeur et le courage donnèrent le nom de Fulminantes. L'Église leur a dressé des trophées sur la terre, et le ciel les a couronnés d'une gloire qui ne passera jamais. C'est parmi ces saints héros que nous pouvons croire qu'est placée l'ame de celui que nous venons de perdre, puisqu'avec leur courage et leur valeur il a eu leur foi et leur religion.

M. de Turenne a eu tout ce qu'il falloit pour

faire un des plus grands capitaines qui furent jamais. Sa grande naissance, qui, par la suite de mille héros, le faisoit remonter jusqu'aux anciens comtes souverains d'Auvergne et ducs d'Aquitaine, l'approchoit par ses alliances de toutes les couronnes de l'Europe. Tous ces grands noms de France, Navarre, Angleterre, Écosse, Bourgogne, Sicile, Portugal, et tant d'autres, si souvent répétés dans sa généalogie, ne l'entretenoient que de victoires et de triomphes. Il étoit né avec un grand sens naturel et une pénétration judicieuse, avec un corps de ce tempérament robuste que les anciens louoient si fort dans leurs héros, et qui, jusqu'à un âge avancé, l'a rendu capable de toutes les fatigues de la guerre. Il commença dès l'âge de quatorze ans à porter les armes. Il ne pouvoit apprendre ce glorieux métier sous un plus grand maître que le fameux Maurice, prince d'Orange, son oncle. Il passa par tous les degrés de la milice. La fortune lui fournit de grandes occasions, des combats, des siéges, des batailles, des révolutions subites, de grands évènements. L'emploi le porta dans des pays différents, la victoire le suivit presque par-tout, et la gloire ne l'abandonna jamais. S'il n'a pas toujours vaincu, il a du moins toujours mérité de vaincre, puisque dans l'une et dans l'autre fortune il a également bien agi en brave soldat et en grand capitaine; et, sans aucune distinction de bons et de mauvais succès, il me paroît toujours le même, en Hollande, en Italie, en Catalogne, en Allemagne, en France, et en Flandre.

La Hollande admira dans ses premières campagnes une valeur qui lui devoit être un jour si fatale, et on feroit valoir ce qu'il fit à la levée du siége de Cazal, au secours de Turin, à la route de Quiers, et au passage du Pô à Moncallier, si la gloire de cent autres miracles par lesquels il s'est élevé au-dessus de lui-même ne jetoit un éclat assez vif, pour effacer ceux de ses premières années.

Le malheur de Mariandal, arrivé par la faute d'un officier étranger, pouvoit-il être plus glorieusement et plus utilement réparé que par cette présence admirable d'esprit avec laquelle M. de Turenne sauva le reste de l'armée? Dans le trouble où de tels désordres jettent d'ordinaire un général, on eût regardé comme un coup de prudence de faire approcher de nos frontières les troupes qu'il avoit sauvées dans la déroute : mais notre héros, dont les vues étoient toujours plus étendues et plus justes que celles des autres hommes, leur donne le rendez-vous bien avant dans le pays ennemi, favorise leur retraite, combattant plutôt en victorieux qu'en vaincu, oblige, par cette marche et par cette résolution, comme il l'avoit prévu, plusieurs princes d'Allemagne de joindre leurs troupes aux siennes; et commandant peu de temps après l'aile gauche de l'armée du roi à la fameuse bataille de Norlingue, la fortune y seconda si bien les efforts qu'il fit pour retenir la victoire dans notre parti, qu'elle mérita qu'on lui pardonnât l'injustice de l'avoir abandonné au commencement de cette campagne.

Mais de quoi servent les armes, si par les combats et les victoires l'on ne se fait un chemin à la paix, qui, dans l'ordre légitime des choses, doit être la fin de la guerre? M. de Turenne ravage comme un foudre tous les bords du Rhin, entre dans la Bavière le fer et le feu à la main, prend presque toutes les villes de cet état, défait les Bavarois et les Impériaux, et force l'empereur, par tant de victoires, de consentir à la paix de Munster, qui assura au roi la conquête de l'Alsace.

Hélas! malheureuse France! pour être défaite

de cet ennemi, ne t'en restoit-il pas assez d'autres, sans tourner tes mains contre toi-même? Quelle fatale influence te porta à répandre tant de sang, et à perdre tant de vaillants hommes qui eussent pu te rendre maîtresse de l'Europe? Que ne peut-on effacer ces tristes années de la suite de l'histoire, et les dérober à la connoissance de nos neveux! Mais, puisqu'il est impossible de passer sur des choses que tant de sang répandu a trop vivement marquées, montrons-les du moins avec l'artifice de ce peintre, qui, pour cacher la difformité d'un visage, inventa l'art du profil. Dérobons à notre vue ce défaut de lumière, et cette nuit funeste, qui, formée dans la confusion des affaires publiques par tant de divers intérêts, fit égarer ceux mêmes qui cherchoient le bon chemin. Il est certain d'ailleurs que le côté que nous pouvons montrer de ce temps malheureux est si beau, si grand, si illustre, pour M. de Turenne, et qu'il fit des choses si importantes pour l'état, et si glorieuses pour lui, à Bleneau, à Gergeau, à Villeneuve-Saint-Georges, à Étampes, et en cent autres endroits, que la mémoire en durera autant que la monarchie; et il semble qu'un homme qui n'eût pas songé à regagner le temps qu'un petit égarement presque forcé lui avoit fait perdre n'eût point été capable d'aller si loin.

La suite de la guerre ne fut qu'une suite de gloire pour lui. La levée du siége d'Arras, et celle du siége de Valenciennes, sont deux monuments éternels de sa valeur et de sa prudence. Vainqueur dans l'un, et contraint de céder à la fortune dans l'autre, il fut également admirable dans tous les deux; car, si dans le premier il parut avec tout ce que la valeur heureuse a d'éclat et de pompe, dans le second, il fit voir tout ce que la valeur malheureuse a de fermeté et de ressources. Sa retraite eut l'air d'un triomphe pour lui; et bien loin de désespérer de la république et de la fortune de son roi, il empêcha les ennemis de profiter de leur victoire, prit La Chapelle, et fit voir cette capacité admirable et consommée qui lui faisoit trouver le moyen de profiter des disgraces, et de se mettre en état, après les pertes, de donner souvent de la crainte, et toujours de l'admiration à ses ennemis.

Ce fut la dernière fois qu'il eut besoin de cet art des ressources qu'il savoit mieux qu'aucun capitaine de son siècle. La fortune, d'accord avec son mérite, ne lui laissa plus que la gloire de vaincre et de profiter de ses avantages. Ce n'est plus qu'un torrent impétueux de prospérités, et j'ai de la peine à suivre le vol de la victoire, qui m'entraîne pour me faire voir la prise de Saint-Venant, Mardick, Dunkerque, Furnes, Bergue, Dixmude, Ypres, et Oudenarde. La conquête de la plupart de ces villes fut le fruit de la sage et généreuse résolution que prit notre héros, de différer à se rendre maître de Dunkerque, qu'il assiégeoit, pour aller battre les ennemis à la fameuse bataille des Dunes. Je ne sais si j'oserai dire qu'il fit dans cette campagne comme un abrégé de toute la gloire militaire, et qu'il convainquit toute l'Europe que son génie s'étendoit également sur toutes les parties de la guerre, et qu'il étoit toujours le même, soit qu'il fallût conduire des siéges, ou prendre promptement le meilleur parti dans les occasions pressantes, ou exécuter avec vigueur ce qui étoit judicieusement résolu, ou vaincre en bataille rangée, et profiter sans relâche de ses victoires.

Tant de grandes actions, une suite si constante de glorieux succès, une réputation si pleine et si entière, sembloient être le plus doux et le plus digne fruit de tant de travaux ; et on eût dit que le ciel ne pouvoit plus rien pour lui, après lui avoir accordé toutes les couronnes que la gloire peut mettre sur la tête d'un sujet. Cependant, ce qui eût été le terme et la fin des plus grands héros n'étoit qu'un chemin et un moyen au nôtre pour arriver à une plus grande gloire. Le Dieu des armées, par tant d'illustres emplois, par tant d'évènements divers, tant de victoires et tant de triomphes, ne faisoit que préparer un maître en l'art de la guerre au grand et invincible Louis, et il ne falloit pas moins que l'étude et l'expérience de près de cinquante années pour faire quelque jour des leçons à un tel disciple. Que ne peut pas un grand maître, lorsqu'il trouve un génie du premier ordre à former? A peine M. de Turenne a-t-il donné ses premiers conseils, qu'il se voit hors d'état d'en donner d'autres, prévenu par les lumières, par la pénétration, et par l'heureuse et sage impétuosité du courage de ce grand monarque. Comme on voit la foudre conçue presque en un moment dans le sein de la nue, briller, éclater, frapper, abattre; ces premiers feux d'une ardeur militaire sont à peine allumés dans le cœur du roi, qu'ils brillent, éclatent, frappent par-tout. Les murailles de Charleroi, Douai, Tournai, Ath,

Lille, Alost, Oudenarde, tombent à ses pieds. La terreur saisit toute la Flandre, et l'étonnement passe au loin dans toute l'Europe. M. de Turenne est lui-même épouvanté de la rapidité et de la justesse de ce mouvement, lui qui, accoutumé à faire des choses extraordinaires, ne devoit plus trouver dans la guerre de sujet d'admiration. Mais ce qui doit redoubler la nôtre, c'est que M. de Turenne a paru si grand aux yeux du roi, qu'il a mérité que ce grand prince voulût bien s'appliquer dans les commencements à l'étudier; et, par la conformité de génie dans l'art de la guerre, le roi est si bien entré dans les manières de ce parfait capitaine, que M. de Turenne ne fit rien, il y a un an, pour chasser les Allemands du royaume, que le roi n'eût projeté dans son cabinet; et les ordres de ce grand monarque étoient si conformes aux projets de notre héros, que l'on ne sait s'il est plus glorieux au roi d'être entré de si loin dans les desseins d'un général consommé en l'art de la guerre et aidé de la vue des lieux, ou à M. de Turenne d'avoir prévenu par ses actions les ordres d'un maître si éclairé.

N'attendez pas de moi, messieurs, que je vous fasse ici une description particulière des actions immortelles de cette campagne, digne de l'envie des plus fameux conquérants qui furent jamais. Pour bien peindre de telles choses, il faut avoir un génie capable de les faire, et la postérité ne sauroit jamais bien tout ce que ce grand homme fit voir de sagesse, de capacité, de pénétration, d'activité, de vigueur, à Sintzeim, à Ladembourg, à Entzeim, à Mulhauzen, à Turqueim, si ce nouveau César n'avoit lui-même laissé l'histoire de sa vie. Pour moi, dont le style, peu accoutumé à de telles matières, n'en pourroit que ternir l'éclat, quand je vois cette multitude innombrable d'Allemands qui menaçoient la France d'une inondation pareille à celle des Cimbres et des Teutons, et que j'entends cet homme si sage, qui parloit toujours si modestement de l'avenir, promettre fièrement de leur faire repasser le Rhin, au-deçà duquel l'espérance de ravager nos plus riches provinces les avoit attirés, il me semble qu'il y eut ici une inspiration d'en-haut, et que non-seulement vaillant comme David, mais en quelque façon prophète comme lui, il parla de l'avenir aussi sûrement que le Dieu même qui l'inspiroit pour le prévoir, et qui le soutenoit pour l'exécuter.

Assemblez-vous, ennemis d'Israël, dit le Dieu

des armées, et vous serez vaincus : *Congregamini, populi, et vincimini* [1]. Renforcez votre ligue de l'union de cent peuples confédérés, vous serez vaincus : *Confortamini, et vincimini.* Faites des apprêts effroyables de guerre, vous serez vaincus : *Accingite vos, et vincimini.* Joignez la prudence à la force; tenez mille conseils de guerre, tous vos desseins seront renversés : *Inite consilium, et dissipabitur.* Promettez, espérez, menacez, il n'arrivera rien de ce que vous projetez : *Loquimini verbum, et non fiet.* Voilà, messieurs, comme parle celui devant qui toutes les forces de la terre ne sont que du vent et de la fumée, et voilà ce que promet fièrement ce grand capitaine, cet autre David, inspiré et animé de l'esprit de Dieu. Peuples que le Rhin sépare de nous, unissez-vous; sortez de vos forêts et de vos neiges, pour venir inonder les doux climats de la France ; cercles de l'empire, unissez toutes vos forces, vous serez vaincus, et il ne vous restera que de tristes et malheureux débris de vos armées, qui iront annoncer à leur pays épuisé d'hommes et de soldats votre défaite, et la grandeur de mon roi. Il le dit,

1 Is. c. 8.

il l'exécute; il fait une marche de près de cent lieues; il conduit son armée et son artillerie par des chemins que les montagnes, les précipices, les torrents et les neiges, rendoient presque inaccessibles à des voyageurs libres et déchargés : la marche se fait avec un secret si prodigieux, qu'on eût dit que les troupes étoient enveloppées d'un nuage épais qui en déroboit la vue à tous les hommes. Il surprend les ennemis, il les attaque avec un nombre inégal; mais Dieu renouvelle ici les victoires prodigieuses des Machabées; et, pour peindre la chose par les paroles mêmes de l'écriture sainte et de l'Église, qui viennent si bien à mon sujet, à peine M. de Turenne fit-il briller dans ses étendards l'image éclatante du soleil de la France, que les yeux des ennemis en furent éblouis. Cette multitude se dissipe, ravie de mettre un grand fleuve entre leur fuite et l'ardeur de notre illustre général, qui ne leur donnoit point de relâche: *Refulsit sol in clypeos aureos, et multitudo gentium dissipata est.*

Aussi ne fut-il jamais un triomphe plus pompeux que celui dont les peuples honorèrent M. de Turenne à son retour. Les couronnes de laurier et de chêne, les arcs de triomphe dont les Romains récompensoient la valeur de leurs généraux, approchent-ils des acclamations, des larmes de joie, des bénédictions de toutes les provinces qu'il traversa? Ce héros, si ennemi du faste, mais si sensible au plaisir de faire du bien, pouvoit-il être plus agréablement convaincu de celui qu'il avoit fait à toute la France, que par la foule que faisoient sur son passage les vieillards et les jeunes gens, les hommes, les femmes, et les enfants, et par cet empressement qu'ils avoient de voir, de saluer, d'approcher et de toucher celui qu'ils reconnoissoient pour leur libérateur, et à qui ils publioient devoir leur honneur, leur vie, leurs biens, leur patrie, et leur liberté?

Les sages et heureux commencements de cette campagne ne nous promettoient pas de moindres succès; et, sans le coup fatal qui nous a ravi ce grand capitaine, il falloit que la France songeât à quelque nouvelle manière de triomphe. Hélas! l'eût-elle cru que la pompe en dût-être si triste et si lugubre? Ce n'étoit point se flatter de vaines espérances d'un avenir douteux, que de se promettre de telles choses d'un héros qui, à force de remporter des victoires, nous en avoit fait perdre entièrement la surprise et presque la joie.

Nous attendions ces grands avantages avec une tranquillité bien éloignée de la présomption inquiète que causent les desirs mal fondés; car que ne pouvoit-on pas attendre d'un tel général à la tête de tant de braves soldats, qui, renouvelant les sentiments des soldats d'Alexandre, se croyoient invincibles sous sa conduite? Qu'il y ait, disoient-ils tous d'une voix, des rivières entre nous et notre patrie; qu'on nous engage dans le cœur d'un pays ennemi; qu'on nous ordonne de combattre avec un nombre inégal contre toutes les forces de l'empire; que des marais tremblants nous fassent craindre que la terre ne manque sous nos pieds: tant que ce grand homme sera à notre tête, nous ne craignons ni les hommes ni les éléments; et, déchargés du soin de notre sûreté par l'expérience et par la capacité du chef qui nous commande, nous ne songeons qu'à l'ennemi et à la gloire.

M. de Turenne a eu même en mourant un avantage qui manqua à ce conquérant de l'Asie. Alexandre ne trouva point d'ami assez fidèle pour venger sa mort, ni de successeur assez illustre pour maintenir et pour étendre ses conquêtes. M. de Turenne a trouvé l'un et l'autre. Messieurs ses neveux, qui, excités par leur propre vertu et par l'exemple d'un oncle si illustre, l'avoient si généreusement suivi dans toutes les occasions de danger et de gloire, tous les officiers et tous les soldats remplis d'une nouvelle vigueur, comme s'ils avoient ramassé sur le cercueil de ce prince ces restes d'esprits que les anciens croyoient errer autour des corps morts, ou persuadés qu'ils combattoient encore à la vue de cette grande ame, firent d'abord sentir aux ennemis ce que peuvent des troupes disciplinées par un tel maître, et animées du desir de venger sa mort: et si ce grand homme étoit capable de quelque sentiment pour les choses de la terre, quelle seroit sa joie de voir que le grand prince qu'il regardoit comme le premier capitaine du monde, et pour la valeur et pour la capacité, soit venu ajouter les victoires d'Allemagne à celles de Flandre; qu'à ses approches et à son nom, que la gloire a fait résonner si souvent sur les bords du Rhin, les ennemis aient levé des siéges, et fait des mouvements qui font voir que les héros ont l'art de vaincre quelquefois leurs ennemis sans les combattre!

Toutes ces choses, messieurs, nous ont à la vérité rassurés de nos craintes; mais qu'est-ce qui sera capable de soulager notre douleur? La tristesse que la mort de M. de Turenne a causée n'est pas de la nature de celles qui s'évaporent avec les premières larmes et les premiers soupirs; elle a fait une impression trop durable sur tous les cœurs. La cour, les armées, la ville, les provinces, les peuples, s'en sont fait une douleur qui ne passera jamais. Vous ne l'avez point encore oublié, messieurs; cette funeste nouvelle se répandit par toute la France comme un brouillard épais qui couvrit la lumière du ciel, et remplit tous les esprits des ténèbres de la mort. La terreur et la consternation la suivoient. Personne n'apprit la mort de M. de Turenne, qui ne crût d'abord l'armée du roi taillée en pièces, nos frontières découvertes, et les ennemis prêts à pénétrer dans le cœur de l'état. Ensuite, oubliant l'intérêt général, on n'étoit sensible qu'à la perte de ce grand homme. Le récit de ce funeste accident tira des plaintes de toutes les bouches, et des larmes de tous les yeux. Chacun à l'envi faisoit gloire de savoir et de dire quelque particularité de sa vie et de ses vertus. L'un disoit qu'il étoit aimé de tout le monde sans intérêt; l'autre, qu'il étoit parvenu à être admiré sans envie; un troisième, qu'il étoit redouté de ses ennemis sans en être haï: mais enfin, ce que le roi sentit sur cette perte, et ce qu'il dit à la gloire de cet illustre mort, est le plus grand et le plus glorieux éloge de sa vertu. Les peuples répondirent à la douleur de leur prince. On vit dans les villes par où son corps a passé les mêmes sentiments que l'on avoit vus autrefois dans l'empire romain, lorsque les cendres de Germanicus furent portées de la Syrie au tombeau des Césars. Les maisons étoient fermées, le triste et morne silence qui régnoit dans les places publiques n'étoit interrompu que par les gémissements des habitants; les magistrats en deuil eussent volontiers prêté leurs épaules pour le porter de ville en ville; les prêtres et les religieux à l'envi l'accompagnoient de leurs larmes et de leurs prières. Les villes pour lesquelles ce triste spectacle étoit tout nouveau faisoient paroître une douleur encore plus véhémente que ceux qui l'accompagnoient; et, comme si en voyant son cercueil on l'eût perdu une seconde fois, les cris et les larmes recommençoient.

Ce regret n'a point été particulier à la France; les étrangers qui l'ont admiré pendant sa vie l'ont pleuré à sa mort; et je ne puis m'empêcher d'entrer ici dans un sentiment contraire à celui qu'eut David sur la mort de Saül et de Jonathas. Il ne vouloit pas qu'on apprît aux Philistins la perte de ces illustres défenseurs d'Israël : *Nolite annunciare in Geth, neque in plateis Ascalonis.* Non, non, que la renommée porte la nouvelle de cette perte aux ennemis de la France. Par-tout où la vertu sera aimée, on regrettera cet illustre mort. Dans les cours les plus opposées à nos intérêts, il se trouvera des princes généreux qui donneront des éloges à sa mémoire, des regrets à sa perte, et des prières à son ame. Ceux même qui en feront un sujet de joie, et qui le témoigneront par des fêtes publiques, éleveront, sans le vouloir, un trophée à la gloire de M. de Turenne, par l'aveu public de leur crainte, et par leurs réjouissances. Mais quel sentiment d'admiration les étrangers n'auroient-ils pas eu pour ce grand homme, s'ils l'avoient vu de près comme nous, et s'ils avoient connu les qualités incomparables de son ame!

Car, comme la valeur, tout héroïque qu'elle est, ne suffit pas pour faire les héros, et qu'elle est semblable à ces étoiles qui brillent, à la vérité, mais qui n'auroient que de mauvaises influences, si la conjonction de quelques astres bienfaisants ne les corrigeoit; tout ce dehors si grand et si pompeux que je viens d'étaler à vos yeux ne suffiroit pas pour donner une gloire solide à M. de Turenne, si son cœur n'avoit été animé de toutes les vertus qui font l'honnête homme et le sage. C'est la seconde partie de mon discours.

SECONDE PARTIE.

Ce n'est proprement que dans son cœur que l'homme se trouve tout entier et tel qu'il est véritablement. Par-tout ailleurs il peut être ou partagé ou déguisé; son esprit a de la peine à se parer des illusions de l'amour-propre, qui le représentent à lui-même tout autre qu'il n'est. Les actions par où l'on juge ordinairement de nous ne sont pas toujours des marques certaines des habitudes de notre ame : c'est quelquefois la nécessité qui nous y contraint, ou l'occasion qui nous y convie. Il y a même des moments heureux où l'ardeur d'une générosité sans réflexion nous y pousse; et dans toutes ces rencontres, à parler sainement des choses, il ne faut pas dire que l'homme ait la gloire de faire une action qu'on lui arrache ou qui lui échappe.

Mais cet homme, si suspect dans tout le reste, se trouve tel qu'il est dans son propre cœur. C'est là qu'il faut prendre les véritables traits de son portrait et la matière solide de ses louanges. C'est dans mon cœur que je suis véritablement tout ce que je suis, s'écrie le grand saint Augustin : *Cor meum ubi ego sum, quicumque sum.* Et dans les paroles que j'ai prises pour texte, après que David a convié Dieu de l'examiner tout entier, il s'arrête ensuite à son cœur, comme à l'unique sujet sur lequel tout cet examen doit tomber : *Proba me, Deus, et scito cor meum.*

Ainsi n'appréhendez pas, messieurs, qu'en me bornant à l'éloge du cœur de M. de Turenne, je vous fasse perdre quelque chose de ce grand homme, ni qu'il se trouve hors des limites de mon sujet quelque partie de cette précieuse matière, que je ne mette pas en œuvre. Il me seroit bien plus aisé de prendre M. de Turenne par tout autre endroit que par celui de son cœur : c'est par-là principalement qu'il se dérobe à mes yeux. Ce n'est pas que ce cœur se soit jamais évaporé dans les chimères d'une fausse gloire, ou que les sentiers obscurs de la dissimulation, du péché, et du mensonge, me le cachent. Une route bien plus glorieuse me le fait perdre de vue : il a tenu un chemin si peu battu dans la carrière de la véritable gloire, que je n'y trouve ni trace ni adresse pour me guider. Accoutumés que nous sommes à ne voir aller les hommes que de biais et par des détours, j'ai de la peine à suivre un cœur qui, dans la poursuite de la gloire, ne s'est jamais ni arrêté ni égaré. De tous les motifs qui font agir les hommes, et qui corrompent dans la racine des fruits qui paroissent si beaux au-dehors, je n'en trouve pas même l'ombre dans ce cœur. L'avarice, l'intérêt, l'amour-propre, la vanité, le plaisir, ces sources empoisonnées de toutes les actions des hommes, n'ont jamais infecté ce cœur.

Ce grand homme étoit si bien sorti de lui-même et de ses propres intérêts, qu'il n'y est jamais rentré par le moindre retour. Dans l'impétuosité qui le portoit vers les grandes choses, il n'a jamais fait cette réflexion intéressée, que la belle idée de la gloire qui l'attiroit pût devenir sa gloire particulière; et pour vous le représenter d'un seul trait tel qu'il a été, il faut dire de lui comme du plus sage des Romains [1], que l'amour-propre, qui est tout borné en lui-même, n'eut jamais de part ni dans ses desseins ni dans ses actions.

1 . . . . Nullosque Catonis in actus
Subrepsit, partemque tulit sibi nata voluptas.
LUCAN. lib. II, v. 390.

Jugez, messieurs, si de cette élévation il a pu seulement jeter les yeux sur les richesses, et en faire le motif de ses actions, lui qui ne daignoit pas même les regarder comme des fruits honnêtes de ses travaux. Ce n'est pas qu'il affectât les manières de ces fameux capitaines, dont Rome et Athènes ont tant célébré la glorieuse pauvreté. Sans avoir vécu comme eux, il a été ce qu'ils étoient; et si l'on faisoit exactement l'anatomie du cœur de ces héros, peut-être trouveroit-on que les Fabrice, les Camille, et les Phocion, se sont plus appliqués aux richesses par le soin laborieux de s'en priver, que M. de Turenne par la noble indifférence d'en avoir ou de n'en avoir pas.

Si le roi d'Épire vouloit éprouver la générosité de mon cœur, disoit un de ces Romains, il devoit le sonder par l'offre de tout son royaume: *Toto ei regno tentandus fui.* Il est honnête et glorieux de refuser les libéralités des rois, lorsqu'elles doivent être le motif ou la récompense d'une trahison; mais, après tout, ce n'est que la gloire d'un crime évité. Un roi, plus grand en toute manière que le roi d'Épire, a tenté, s'il m'est permis de me servir de ce terme, l'indifférence que M. de Turenne avoit pour le bien, par tout ce que le plus grand roi du monde peut faire pour le plus grand de ses sujets : mais notre héros, indocile à souffrir de grandes richesses, n'a jamais pu consentir à en recevoir qu'autant qu'il en falloit pour mettre la bonté et la reconnoissance de son prince à couvert, sans risquer la gloire de sa modération et de son désintéressement.

Il regardoit, à la vérité, les richesses comme des moyens nécessaires pour soutenir la grandeur de sa naissance et celle de ses illustres emplois : mais, dégagé de l'erreur des autres hommes, qui cherchent sans cesse des moyens pour une fin qui ne vient jamais, il ne songeoit aux moyens que lorsque la fin qu'il s'étoit proposée le pressoit. C'étoit à la veille de ses glorieuses campagnes qu'il songeoit qu'il n'étoit pas riche : c'étoit dans la suite de l'emploi qu'il empruntoit des sommes considérables pour des nécessités imprévues. Prenez garde, messieurs, que votre amour-propre ne vous fasse quelque surprise en cet endroit, et que vous n'alliez donner un nom peu honnête à un oubli plus glorieux que la plus sage précaution. Ce prince, assuré de l'amitié du roi et du secours de ses serviteurs, croyoit qu'il lui étoit permis d'être négligent sur un point où les autres pèchent par un excès de prévoyance; et je puis dire que M. de Turenne avoit toute la gloire du désintéressement, sans avoir la honte de l'imprudence, au lieu que les autres n'ont au-dehors la gloire de la prudence, que parcequ'ils sont poussés au-dedans par le motif d'un lâche et sordide intérêt.

Cependant la gloire de M. de Turenne ne me sembleroit pas pleine et entière sur ce sujet, si, vainqueur de l'avarice par la facilité de ses inclinations naturellement grandes et généreuses, il n'avoit jamais rien eu à combattre. La Providence a voulu qu'il ait eu une fois en sa vie des desirs, qu'il les ait vaincus glorieusement, et qu'il ait fait voir à toute la terre qu'il avoit assez de force pour acquérir une vertu difficile et laborieuse, si le bonheur de son naturel ne l'eût pas rendu sans peine l'homme le plus vertueux de son siècle.

Voici, messieurs, une des actions de sa vie que les yeux du peuple n'ont peut-être pas remarquée, mais qui est si belle et si extraordinaire, que je ne puis me résoudre à la passer sous silence. M. de Turenne avoit passionnément desiré le gouvernement d'Alsace et de Brisach. Des vues proportionnées à la grandeur de sa naissance et à l'élévation de son ame lui avoient mis ces desirs bien avant dans le cœur ; il étoit encore en un âge où les passions sont les plus violentes : cette grande gloire qu'il s'est depuis acquise ne lui ôtoit point encore la vue de ce que le monde appelle des établissements solides. L'occasion d'obtenir ce qu'il desiroit se présente avec des circonstances si heureuses et si honnêtes, qu'on eût dit qu'il avoit concerté avec la fortune l'exécution de son desir. Le gouverneur de Brisach avoit été mis dans cette place importante de la main du duc de Weymar. A l'arrivée de M. de Turenne, qui venoit commander l'armée du roi dans l'Alsace, il entre dans des soupçons et dans des frayeurs dont nous ignorons le sujet ; il se retire, il abandonne sa place et la province à l'homme du monde qui en desiroit le commandement avec plus de passion. Cette occasion, capable de faire naître l'envie d'un si bel établissement aux personnes qui n'y eussent jamais pensé, la fait perdre à notre héros, qui y pensoit depuis si long-temps. Il ne dépêche point de courrier à la cour pour demander la dépouille d'un homme qui se dépouilloit lui-même ; et, par un désintéressement sans exemple, il rassure le gouverneur, le remet dans sa place, et le raccommode à la cour. Conquérir l'Alsace, prendre Brisach, se rendre maître de ce fameux passage du Rhin, ce seroit l'effet d'une valeur héroïque, mais dont les soldats, les officiers, et la fortune qui veut avoir sa part dans tous les grands évènements partageroit la gloire avec M. de Turenne. Mais vaincre ses desirs, vaincre la force de l'occasion, renoncer à Brisach et à l'Alsace, c'est une victoire que M. de Turenne remporte tout seul, et dont il ne partage la gloire avec personne.

Nos passions ne sont pas seulement violentes, elles sont adroites : repoussées par un endroit de notre ame, elles se représentent avec un nouveau visage d'un autre côté. Tel croit qu'il n'est pas honnête d'être intéressé pour soi-même, qui se persuade qu'il est permis de l'être pour ce que l'on aime, et il ne voit pas que son amour-propre le suit par-tout, et qu'il ne lui fait faire ce petit mouvement au-dehors que pour le ramener dans son intérêt par un chemin dont il ne s'aperçoit pas. M. de Turenne a eu pour son illustre maison, pour ses chers amis, et pour ses fidèles serviteurs, toute la tendresse et tout l'empressement que la nature inspire à un bon cœur. L'absence ni le temps n'étoient point capables de ralentir l'ardeur de son amitié ; mais il y avoit en son cœur un amour prédominant à tous les autres : c'étoit l'amour de la justice. Elle étoit la règle inviolable de toutes ses actions ; l'amitié ni la haine ne le pouvoient jamais préoccuper : il refusoit des graces à ses amis, qu'il accordoit à ses ennemis, quand il les en croyoit plus dignes que ceux qu'il aimoit ; et, sourd à toutes les plaintes de la nature et de l'amitié, il traitoit ceux qui étoient capables de les faire de petits esprits qui tournent toujours autour d'eux-mêmes, n'ayant pas assez de force pour s'en éloigner.

Aussi n'étoit-ce ni par l'intrigue d'un domestique intéressé, ni par des assiduités étudiées, ni par l'utilité d'une liaison, que l'on se faisoit une entrée dans le cœur de M. de Turenne. Le bonheur pouvoit lui montrer ceux qui devoient être ses amis ; mais il n'alloit que jusque-là ; le seul mérite faisoit le reste : car, comme il n'avoit point une froideur et une fierté capable de rebuter, il n'avoit point aussi cet air caressant, qui semble mendier le cœur de tout le monde, sans vouloir pourtant engager le sien. Personne n'a jamais pu se plaindre d'avoir été dédaigné avec mépris, ni d'avoir été amusé par de vaines espérances. Ce grand homme avoit rendu l'accès de son cœur difficile, sans être rude, et il en avoit, pour ainsi dire, fortifié les premières avenues, parcequ'après les avoir une fois forcées par le mérite, le reste ne coûtoit plus rien ni à prendre ni à conserver.

Je vous appelle à témoins de cette vérité, chers et illustres amis de cet homme incomparable. Fut-il jamais une amitié si entière, si douce et si sûre que la sienne? Sa dissimulation vous a-t-elle jamais donné la peine de faire ces difficiles observations qu'il faut employer pour pénétrer le cœur humain? L'inégalité de son humeur vous a-t-elle jamais obligés de prendre des mesures pour choisir les bons moments, et pour éviter les fâcheux? Sa défiance vous a-t-elle jamais obligés à ces éclaircissements, qui font perdre à réparer des choses déja faites un temps qu'on emploieroit bien plus agréablement à faire de nouveaux progrès dans l'amitié? A-t-il jamais exigé de vous une servitude et une dépendance tyrannique? Enfin, dans ce commerce qui vous ouvroit ce cœur jusqu'au fond, y avez-vous jamais rien trouvé qui méritât quelque indulgence de votre part? Y avez-vous découvert quelque foiblesse et quelques sentiments qui marquassent la vanité et la corruption du siècle? Avez-vous eu besoin de vous faire une religion de nous cacher quelque défaut secret? Eussiez-vous desiré d'en ôter ou d'y ajouter quelque chose? Si vous étiez les maîtres de vous former un cœur à vous-mêmes, en voudriez-vous un plus grand, plus droit et plus parfait? Hélas! je le sens, messieurs, je touche à l'endroit de votre plaie le plus douloureux et le plus sensible; et, s'il vous étoit libre de m'interrompre, ne vous écrieriez-vous pas ici que vous n'y avez rien vu que de grand et d'héroïque; que tous ses sentiments étoient pour vous des leçons de sagesse et de vertu, des sujets d'admiration et d'amour, et la matière éternelle de vos larmes, ou du moins d'un triste et précieux souvenir?

Eh! que ne doit-on pas croire d'un cœur en qui l'amour souverain de la vérité a été la source de mille vertus? Cet amour est le plus beau caractère d'une grande ame. Il est dans notre esprit le remède des erreurs et des illusions où notre ignorance nous expose: dans notre cœur il est le frein de nos passions, qui, fatiguées des reproches de la vérité, se lassent enfin et s'éteignent. Il est le lien le plus assuré de la société civile; et, si je le puis dire, cet amour nous rend, en quelque façon, incapables de tromper et d'être trompés. Mais, pour avoir cet amour dans un degré héroïque, il faut aimer la vérité par-dessus toutes choses, et n'aimer dans les choses que la vérité : car notre amour-propre, toujours attentif à nous faire quelque surprise, ne nous donne que trop souvent le change. Nous aimons tous la vérité ; mais nous ne l'aimons pas tous si uniquement que nous n'aimions encore quelque chose avec elle ; et, pour accorder en nous ces deux amours, nous nous laissons aller à croire que ce que nous aimons est la vérité [1]. Un rayon de la lumière du ciel, qui préparoit ce grand cœur à la connoissance des vérités de la foi, l'y disposoit par cet amour naturel qu'il avoit pour celles de la morale. C'étoit son inclination dominante ; et son étude particulière étoit à ne montrer, à n'avoir, et à n'être rien de faux. Ses actions étoient aussi sincères que ses paroles ; ses paroles n'étoient que les images de ses pensées, et ses pensées étoient toutes heureusement réglées sur les idées de la vérité.

Il ne lui est jamais arrivé de chercher à paroître par de certaines choses, dont l'éclat et la belle apparence ne sont pas toujours soutenus d'un fonds d'honneur et de vérité. Il étoit naturellement libé-

[1] Quicumque aliud amant, hoc quod amant volunt esse veritatem. Aug. Conf. 10, c. 13.

ral, les pauvres le savent; et il lui eût été facile de satisfaire cette noble inclination, s'il eût voulu se relâcher un peu sur la manière d'acquérir, pour parvenir à la gloire de donner. Il n'a jamais balancé là-dessus, persuadé que la libéralité n'étoit plus une vertu, dès que l'on consentoit à acquérir avec quelque empressement ou quelque injustice, pour donner avec pompe et avec éclat. Mais ce même homme, à qui l'on n'eût pas arraché les sommes les plus petites, lorsque la moindre ombre de vanité se rencontroit à les donner, n'avoit point de peine à se dépouiller même de son nécessaire, lorsque la moindre ombre de justice ou de bienséance pouvoit ôter à ses largesses l'air du faste et de l'ostentation. C'est de cet amour pour la vérité, que venoit l'aversion qu'il avoit de se justifier dans les choses que les faux bruits ou les mauvais offices pouvoient rendre suspectes. Content du témoignage de sa conscience, il ne vouloit point devoir à une apologie ce qu'il devoit à la vérité même. C'est de l'amour pour la vérité, que venoit cette modération admirable dans les rencontres où il sembloit que l'intérêt de sa gloire dût exciter son ressentiment. Comme il alloit jusqu'au fond des choses, il trouvoit qu'il y a bien plus de gloire à vaincre sa passion qu'à venger une injure, et que ceux qui courent à la vengeance vont au plus aisé, et non pas au plus glorieux.

Cet amour lui faisoit préférer la gloire d'une entreprise bien concertée, quoique malheureuse, au vain éclat de celles qui n'ont rien de bon que le succès. Enfin, c'est de cet amour de la vérité que venoit cette naïveté admirable avec laquelle M. de Turenne se laissoit voir tel qu'il étoit, sans rien exagérer par orgueil, sans rien abaisser par une fausse modestie, mais plus que tout cela par une si entière application à la vérité des choses, qu'elle lui faisoit presque oublier si c'étoit de lui-même qu'il parloit. La peinture a besoin d'ombres et de jours pour donner du relief aux corps qu'elle représente, ou pour mettre les autres en éloignement; aussi ne fait-elle que des figures: la nature, qui produit les choses véritablement, n'a pas besoin de ces artifices. Comme il ne fut jamais une vertu plus pleine et plus naturelle que celle de ce grand homme, il n'y en eut jamais de plus épurée de tout artifice. Il ne se cachoit point, il ne se montroit point; il parloit, lorsqu'il le falloit, et de ses victoires et de ses désavantages, aussi peu attentif à relever la gloire des unes qu'à déguiser le malheur des autres. Il ne songeoit pas même à ces grandes ressources de gloire qui lui permettoient de faire des pertes sans s'appauvrir; et la même vérité qui lui faisoit raconter le détail des victoires innombrables qu'il a remportées lui faisoit dire le particulier de quelques occasions où il n'avoit pas été heureux; aussi éloigné dans ces récits du faste de la modestie que de celui de l'orgueil.

Dans ce moment votre imagination ne vous représente-t-elle pas vivement cette simplicité admirable qui régnoit dans toutes les actions et dans toutes les manières de M. de Turenne? Ne croyez-vous pas voir ce prince se mêler dans la foule des courtisans et dans les assemblées même de la ville, avec la bonté et la familiarité d'un homme qui n'eût pas été distingué par tant d'endroits?

Pour moi, messieurs, je ne puis m'empêcher de peindre ce que je pense là-dessus par des traits tout différents de ce que je veux représenter, et de rappeler dans votre mémoire ces siècles funestes de l'empire romain où il n'étoit pas permis aux particuliers d'être vertueux et illustres, parceque les vices des princes ne laissoient ni vertu ni gloire impunie. Après avoir conquis des provinces et des royaumes, bien loin d'aspirer à l'honneur du triomphe, il falloit à son retour éviter la rencontre de ses amis, prendre la nuit, de peur de trop arrêter les yeux du public. Une embrassade froide, sans entretien et sans discours, étoit tout l'accueil que le prince faisoit à un homme qui venoit de sauver l'empire. Du cabinet de l'empereur, où il ne faisoit que passer, il étoit rejeté et confondu dans la foule des autres esclaves : *Exceptusque brevi osculo, nullo sermone, turbæ servientium immixtus est.* M. de Turenne a eu le bonheur de vivre et de servir sous un monarque, dont la vertu ne laisse rien à craindre à celle de ses sujets. Il n'y a point de grandeur ni de gloire qui puisse faire ombre à celle du soleil qui nous éclaire, et l'importance des services n'est jamais à charge à un prince convaincu par sa propre magnanimité qu'il les mérite. Aussi les distinctions d'estime et de confiance de la part du roi valoient à M. de Turenne la gloire d'un triomphe. Les récompenses fussent allées aussi loin que ces distinctions, si le roi eût trouvé en lui un sujet docile à recevoir des graces; mais ce qui étoit l'effet d'une sage politique dans les temps malheureux où la vertu n'avoit rien tant à craindre que son éclat étoit en lui l'effet d'une modestie naturelle et sans art.

Il revenoit de ses campagnes triomphantes avec la même froideur et la même tranquillité que s'il fût revenu d'une promenade, plus vide de sa propre gloire que le public n'en étoit occupé. En vain les peuples s'empressoient pour le voir ; en vain, dans les assemblées, ceux qui avoient l'honneur de le connoître le montroient des yeux, du geste et de la voix, à ceux qui ne le connoissoient pas ; en vain sa seule présence sans train et sans suite faisoit sur les ames cette impression presque divine qui attire tant de respect, et qui est le fruit le plus doux et le plus innocent de la vertu héroïque : toutes ces choses si propres à faire rentrer un homme en lui-même par une vanité raffinée, ou à le faire répandre au-dehors par l'agitation d'une vanité moins réglée, n'altéroient en aucune manière la situation tranquille de son ame ; et il ne tenoit pas à lui qu'on n'oubliât ses victoires et ses triomphes.

Outre les sentiments que la religion lui inspiroit sur ce sujet, ceux qu'il avoit pour le roi et pour l'état lui ôtoient toutes les vues de sa gloire particulière ; et il eût cru faire un larcin de retenir pour lui-même quelque chose de ce qu'il croyoit devoir tout entier à son prince et à sa patrie. Quel est le général d'armée qui s'avise de se faire une inquiétude de ce qui se passe dans les lieux éloignés de lui? N'arrive-t-il pas le plus souvent qu'une jalousie secrète leur fait craindre les avantages de la cause commune, lorsque leur gloire particulière ne s'y trouve pas, ou qu'il y a du danger qu'elle ne soit ou obscurcie ou balancée? Notre héros, défait de ces pernicieuses maximes, donnoit ses desirs et ses craintes aux entreprises où il ne pouvoit contribuer de ses soins et de sa personne. Il pratiquoit sur ce point ce qu'il disoit judicieusement en d'autres rencontres, qu'il falloit toujours craindre l'ennemi éloigné, et ne le craindre plus dès qu'il est présent. Ce capitaine intrépide et assuré contre l'ennemi qu'il avoit en tête portoit ses craintes et ses desirs par-tout où le roi portoit ses armes, en Flandre, en Sicile, en Catalogne; semblable à ce sage et généreux Caton, qui, sans rien craindre pour lui-même, craignoit pour toutes les parties de la république romaine: *Cunctisque timentem, securumque sui.*

Il a poussé cette délicatesse et les effets de cet amour si loin, qu'il semble que ce n'est pas ici le portrait d'un homme qui ait été tel qu'on le représente, mais la simple idée du sujet le plus zélé qui fut jamais. Car hasarder simplement sa vie et sa fortune pour l'état, ce ne fut pas assez pour satisfaire une ame aussi héroïque et aussi remplie de l'amour de ses véritables obligations que celle de M. de Turenne: mais hasarder sa réputation pour son prince, renoncer à sa propre gloire pour l'intérêt de l'état, c'est le plus grand sacrifice qu'un grand capitaine puisse faire à son maître; et c'est, messieurs, ce qu'a fait M. de Turenne dans les deux dernières campagnes. Il y a un an que nous lui voyions faire le personnage de cet illustre Romain qui fut appelé l'Épée de la république. Avec un nombre inégal et un désavantage qui le menaçoit presque d'une défaite assurée, il cherche, il pousse, il bat à toute heure les ennemis. Cette année, au contraire, il se réduit au personnage de cet autre Romain qui fut appelé le Bouclier de la république. Quoique le nombre et la valeur de ses troupes semblassent lui assurer la victoire, il fuit les occasions des combats et des batailles; différent de lui-même dans la conduite, mais semblable à lui-même dans l'ardeur pour le service de son prince et pour le bien de l'état. Il y a un an qu'il étoit en-deçà du Rhin, où il falloit, à quelque prix que ce fût, faire perdre aux Allemands l'envie de venir inonder la France, et pour cela les poursuivre et les battre sans relâche; cette année il étoit au-delà du Rhin, et il lui suffisoit de maintenir l'armée du roi et d'assurer le repos de sa patrie.

Avouez, messieurs, que se servir de l'épée avec tant de risque, lorsque pour l'intérêt de sa gloire particulière il ne devoit, ce semble, que se couvrir du bouclier; se couvrir simplement du bouclier, lorsqu'il pouvoit en apparence se servir avec tant de gloire de l'épée; enfin s'exposer au danger et à la honte d'être vaincu, lorsque le service du roi demandoit qu'il hasardât tout pour essayer de vaincre; fuir les occasions de combattre et de vaincre, lorsque pour le service du roi il suffisoit de n'être pas vaincu, est une chose si rare, si singulière, si héroïque, qu'on peut dire qu'une telle action n'a point eu de modèle, et qu'elle ne sera jamais imitée.

Croyez-vous après cela, messieurs, que celui qui jusqu'ici nous a paru un héros hors de la portée même de l'imitation pût encore trouver de quoi s'élever au-dessus de lui-même par la grandeur et par la droiture de ses sentiments? Vous persuaderez-vous, messieurs, qu'un grand homme de guerre, qu'un général d'armée, ait pu faire des souhaits pour la paix? Croirez-vous qu'un homme puisse si bien faire la guerre et songer à la finir? Je ne le croirois pas moi-même, si je ne parlois d'un héros qui nous avoit accoutumés aux miracles et aux prodiges. Oui, messieurs, ce grand capitaine desiroit ardemment la paix. Il voyoit avec douleur les maux qu'entraîne après soi la nécessité de la guerre. Il laissoit aux vertus médiocres ces lâches ménagements, qui, pour faire durer la considération d'un particulier, font durer la misère des états; et, sans songer qu'il eût de quoi se rendre encore plus admirable dans la vie privée qu'à la tête des armées, il se hâtoit de se dérober par la rapidité de ses victoires la matière de ses emplois. A l'entrevue des deux rois, il fut sans doute bien plus touché des réjouissances publiques avec lesquelles les François et les Espagnols solennisèrent la naissance de la paix et l'espérance de la félicité publique, que de l'aveu que le roi d'Espagne fit à sa gloire, lorsque, pressé par la force de la vérité, il confessa, en présence des deux cours, que les victoires de M. de Turenne lui avoient fait passer de mauvaises heures et de mauvaises nuits; lui dont la fière gravité auroit à peine permis qu'il avouât seulement que le soin de ce vaste empire, sur lequel le soleil ne se couche jamais, fût capable de troubler son repos.

Pour une telle vertu la terre n'a point de couronnes. Le laurier et l'olive joints ensemble n'en forment pas une assez belle pour une tête si illustre. Ce n'est que de votre main, grand Dieu, qu'une vertu si parfaite doit être couronnée. Souvenez-vous donc, Seigneur, de la douceur de ce nouveau David : *Memento, Domine, David, et omnis mansuetudinis ejus.* Donnez le repos de la sainte Sion à cette grande ame, qui, par ses exploits, n'a songé qu'à contribuer à la paix des peuples qui vous adorent. Vos miséricordes, grand Dieu, nous donnent presque cette assurance, et ce n'étoit que pour le préparer aux couronnes éternelles que vous aviez rempli ce cœur de religion, de piété, et de toutes les vertus qui font les chrétiens. C'est la troisième partie de mon discours.

TROISIÈME PARTIE.

Tous les siècles et toutes les nations ont eu des hommes extraordinaires, que la valeur, la prudence, la fortune, et la sagesse, ont distingué des autres. L'ancienne Grèce et l'ancienne Rome nous ont laissé des modèles de grands princes, de vaillants capitaines, de sages et illustres citoyens; mais il est difficile de trouver dans un seul homme toutes les vertus qui ont fait les héros parmi les païens, et celles qui font les saints parmi les chrétiens. C'est pourtant le caractère véritable du prince que nous pleurons. Rome profane lui eût dressé des statues sous l'empire des Césars, et Rome sainte trouve de quoi l'admirer sous les pontifes de la religion de Jésus-Christ : car, messieurs, si le nombre des vertus morales de M. de Turenne étoit plus grand que celui de ses exploits, sa religion le rend encore plus admirable que toutes les qualités naturelles de son ame.

De sorte, messieurs, qu'il me semble que je vous ai conduits dans cet éloge par des endroits semblables aux différentes parties du temple de Jérusalem. On rencontroit d'abord le parvis que la foule du peuple remplissoit de tumulte ; on passoit ensuite par les lieux sacrés où les victimes étoient égorgées, et l'on entroit enfin dans le sanctuaire que Dieu seul remplissoit par la présence de sa grandeur, et qui par une communication de sainteté rendoit les autres lieux majestueux et vénérables. Le cœur de ce grand homme a été le temple animé du Dieu vivant. Vous en avez vu d'abord les dehors tumultueux, par ce bruit que font dans l'imagination les actions militaires, lors même que l'on ne fait que les dire; vous êtes entrés ensuite dans cette partie de notre cœur où résident les passions différentes, et vous les avez toutes vues immolées à la gloire par la vertu de ce héros. Enfin me voici dans l'endroit de mon discours, où il faut que je tire le rideau pour découvrir à vos yeux le sanctuaire de ce cœur que Dieu remplissoit par sa majesté, et où il étoit comme sur un trône que la foi, l'espérance, la charité, l'humilité, et les autres vertus chrétiennes lui dressoient. De ce lieu sacré je vois sortir des lumières qui se répandent sur tout ce que je viens de dire, qui sanctifient tous les éloges que j'ai donnés à ce grand homme, et qui, réformant tout ce que vos idées peuvent avoir eu de profane jusqu'ici, au lieu de vous le faire voir comme un César et un Alexandre dans la guerre, vous le représentent comme un David ou un Théodose, et comme un philosophe chrétien élevé dans l'école de Jérusalem, plutôt que comme un disciple d'Athènes.

M. de Turenne, qui ne pouvoit, ce semble, avoir que des défauts étrangers et comme hors de lui-même, fut engagé par sa naissance et par son éducation dans les erreurs de Calvin, qu'il trouva établies et dominantes dans son esprit, avant que sa raison fût assez forte pour s'y opposer. Mais que ne peut pas la main toute-puissante qui opère le salut des hommes? Les péchés et les erreurs même lui servent pour manifester les richesses de sa miséricorde et la gloire de ses élus; car s'il est vrai, selon saint Augustin, que beaucoup de malheureux égarés ont fait voir la beauté de leur génie et la grandeur de leur esprit dans la défense des erreurs qu'ils soutenoient : *In ipsis erroribus defendendis quàm magna claruerunt ingenia*, ne peut-on pas dire que le temps que M. de Turenne a été dans l'erreur n'a servi qu'à faire l'épreuve de la sincérité de son cœur? S'il n'eût eu qu'une religion de politique, nous ne pleurerions pas à la vérité ces belles et nombreuses années qu'il a passées hors du sein de l'Église; mais peut-être faudroit-il pleurer devant Dieu celles qu'une foi feinte lui eût fait passer dans la véritable communion. Jamais homme, si je puis me servir de cette expression, n'a été de meilleure foi dans l'erreur que M. de Turenne; et, tant qu'il plut à celui qui avoit marqué le temps où ce grand homme devoit entrer dans le sein de Jérusalem de le laisser dans la malheureuse prévention de Babylone, rien ne fut capable de l'ébranler. Il fut pourtant attaqué par tout ce qu'il y a sur la terre de plus fort et de plus sensible. La conversion de M. le duc de Bouillon son frère le pressa non-seulement par tout ce que la chair et le sang ont de pouvoir dans ces sortes de changements, mais par tout ce que l'exemple d'un prince également grand par l'esprit, par le cœur, et par la force de la persuasion, pouvoit avoir d'ascendant sur l'esprit d'un frère plein d'estime et de respect pour cet illustre aîné. La fortune et la gloire le sollicitèrent par tout ce qu'elles ont de force et d'attraits. Le roi, avant la paix des Pyrénées, eût honoré la plus grande vertu de son royaume de la première charge de sa couronne, si M. de Turenne eût cru qu'il eût été permis de s'élever aux plus grands honneurs de la terre, en foulant aux pieds la religion qu'il professoit. Quelle perte que tant de constance et de fermeté n'ait pas été employée pour la bonne cause! La Providence le permit, afin que la gloire de sa conversion ne fût pas douteuse, et qu'il parût aux yeux du bon et du mauvais parti, que, sans le mélange d'aucun motif humain, il n'avoit été vaincu que par ces charmes de lumière dont parle saint Paul, qui, ayant gagné son cœur depuis si long-temps par l'amour de la vérité, chassèrent enfin de son esprit toutes les ténèbres de l'erreur.

Ce combat intérieur où M. de Turenne n'avoit que Dieu pour spectateur, où il avoit mille ennemis secrets qui s'opposoient à son salut, où il s'agissoit non d'une couronne qui flétrit sur la tête du vainqueur, mais de cette couronne immortelle que Dieu a préparée à ceux qui le servent en esprit et en vérité, a été l'occasion de sa plus noble victoire et de son triomphe le plus illustre. Il employa pour se vaincre lui-même plus d'art, plus de sagesse, et plus de courage, qu'il n'avoit jamais employé à vaincre les autres; et comme le premier pas vers la victoire est de bien connoître l'ennemi qu'on doit combattre, M. de Turenne n'oublia rien durant un long temps pour reconnoître le fort et le foible de sa première religion, qui, par une grace singulière de Dieu, lui étoit devenue suspecte. Il écouta tous les avis qu'on lui donna; il frappa à la porte de la vérité par les prières et par les larmes; il se défia d'autrui et de lui-même, et, s'abandonnant tout entier à la conduite de Dieu qu'il cherchoit avec tant de sincérité, il triompha dans son esprit de la vieille erreur que le malheur de son éducation y avoit établie : il triompha dans son cœur de la mauvaise honte, qui parmi les hommes fait passer pour foiblesse un changement, lors même qu'il conduit à la vérité ou à la vertu. Il mit sa gloire à brûler ce qu'il avoit jusqu'alors adoré, et à entrer avec autant d'humilité que de courage dans le sein de cette Église, qui, charmée de ses vertus, soupiroit depuis si long-temps après l'acquisition d'un tel fils.

Anges du premier ordre, esprits destinés par la Providence à la garde de cette grande ame, dites-nous quelle fut la joie de l'Église du ciel à sa conversion, et avec quelles réjouissances furent reçus les premiers parfums des oraisons de ce nouveau catholique, lorsque du pied des autels de l'Agneau sacrifié vous les portâtes au pied de l'autel de l'Agneau régnant dans la gloire! Les vieillards couronnés et les chœurs des anges n'en redoublèrent-ils pas la joie et l'harmonie du céleste cantique?

Pour vous, messieurs, vous n'avez pas oublié que l'Église de la terre regarda cette conversion avec autant de joie qu'elle eût fait celle d'un royaume tout entier. M. de Turenne, vainqueur des ennemis de l'état, ne causa jamais à la France une joie si universelle et si sensible, que M. de Turenne vaincu par la vérité et soumis au joug de la foi.

Les bénédictions et les applaudissements ne s'arrêtèrent pas à cet illustre converti; ils passèrent jusqu'à ce cher et illustre neveu, qui, par ses conférences fréquentes, avoit contribué si efficacement à la conversion de ce grand homme. Certes, messieurs, si pour mériter l'honneur du triomphe parmi les Romains, et pour monter au Capitole avec la pourpre, il falloit avoir étendu les bornes de l'empire et défait des armées considérables; quand la grandeur de la naissance, la profondeur du savoir, l'innocence des mœurs, une sagesse consommée dans une grande jeunesse, n'auroient pas assuré à ce prince la plus éminente dignité de l'Église, il suffisoit d'avoir contribué quelque chose à la conquête de cette grande ame, pour mériter d'entrer en triomphe, et couvert de la pourpre sacrée, dans le Capitole du monde chrétien.

Depuis que M. de Turenne fut devenu, par sa conversion, un nouvel enfant en Jésus-Christ, fut-il une pitié plus sincère, une foi plus vive, une confiance en Dieu plus pleine et plus forte, une humilité plus profonde, et une religion plus entière? Mais, qu'est-ce que je fais? et, avant que d'avancer dans ce sanctuaire, ne faut-il pas que je prononce ici les mêmes paroles que disoit autrefois le diacre, lorsque le prêtre étoit arrivé à la plus auguste partie des sacrés mystères? *Sancta sanctis*, les choses saintes ne sont que pour les saints. Enfants du siècle, hommes nourris dans le mensonge et la vanité, jusqu'ici vous m'avez entendu, parceque j'ai dit des choses que le monde corrompu est capable d'admirer, quoiqu'il ne soit pas toujours capable de les faire : mais m'entendrez-vous et me croirez-vous, lorsque je vous parlerai des sentiments que la religion et la piété lui inspiroient? Vous ne les avez pas entendus de sa bouche : M. de Turenne, content d'exposer aux yeux du siècle les dehors d'une vie sage et réglée, gardoit pour les conversations qu'il avoit avec les serviteurs de Jésus-Christ des sentiments dont le monde n'étoit pas digne, et il n'avoit garde d'exposer ces perles évangéliques à des profanes qui les eussent foulées aux pieds par leurs railleries sacriléges. Aussi n'est-ce pas à vous que je donne ce cœur à examiner dans cette partie de mon discours; c'est à Dieu, c'est à ses saints, c'est à ces sacrées épouses de Jésus-Christ, qui, par leur piété, prennent plus d'intérêt à la religion de ce prince, que le sang ne leur en a fait prendre en tout le reste.

M. de Turenne avoit une foi si vive et si pleine, que tout lui paroissoit grand et majestueux dans l'Église. Il avoit de la vénération pour les plus petites pratiques de la religion, dont les enfants du siècle ne font que de froides railleries; il regardoit ces observances religieuses avec les mêmes sentiments qu'il faut considérer dans la nature les œuvres de Dieu, qui n'est pas tellement grand dans les grands ouvrages qui sont sortis de ses mains, qu'il ne soit encore admirable dans les plus petits. Si vous ne voyez pas cette grandeur, mondains, c'est qu'il y a deux sortes de vie dans le monde, l'une toute spirituelle, et l'autre toute dans les sens. Ces deux vies sont également incompréhensibles l'une à l'autre, parcequ'il y a un chaos impénétrable entre les deux; et, comme les saints ne peuvent comprendre que les hommes faits pour jouir de Dieu s'occupent tout entiers du néant des créatures, les hommes charnels de leur côté ne peuvent donner le prix qu'il faut à tant de saintes pratiques d'humilité et de pénitence, qui leur paroissent comme un rien dans la religion. Vous croyez, messieurs, que c'est moi qui ai fait la distinction de ces deux vies, et que je l'ai même empruntée de quelque contemplatif éclairé. Me croirez-vous, messieurs, quand je vous dirai que je n'ai fait en cela que redire fidèlement les sentiments de M. de Turenne, et les vues saintes et justes que sa foi lui donnoit sur toutes les choses de la religion? Et, en vérité, je n'ose vous blâmer de la peine que vous avez à le croire: car enfin, est-ce dans la cour, est-ce dans les armées, est-ce sous le casque et sous la cuirasse, que s'apprennent de telles vérités? Non, messieurs, non, ni la chair ni le sang ne pouvoient lui avoir révélé de si grandes et de si sublimes vérités; c'étoit le Père céleste qu'il servoit avec une foi si pure et une religion également éloignée de la dureté et de l'hypocrisie.

Que s'il avoit une vénération si sincère pour les pratiques de pénitence et d'humilité qui paroissent si petites, jugez, messieurs, de quelle manière il étoit touché de la grandeur des mystères, dont l'élévation est si propre à humilier l'esprit et le cœur de l'homme. M. de Turenne ne trouvoit point à son gré de néant assez profond où la créature pût se réduire devant la majesté terrible du Dieu qui l'a faite et qui la soutient. Ce n'étoit pas assez pour lui d'offrir au Seigneur soir et matin le sacrifice de ses lèvres, il vouloit être chrétien tout le jour, comme il le disoit lui-même, et il avoit pitié de ces personnes aveugles, qui, par une petite prière qu'ils offrent à Dieu le matin, croient avoir acheté le droit de l'oublier, et même de l'offenser le reste de la journée. M. de Turenne n'estimoit dans la religion que ces jours pleins et entiers dont parle David : *Dies pleni invenientur in eis;* et mettant, pour ainsi dire, en faction tour-à-tour toutes les puissances de son ame, il s'efforçoit de continuer par la droiture de ses intentions, par l'éloignement du péché, et par l'amour sincère du bien, le sacrifice de louanges que ses prières, ses saintes lectures, ses heures de retraite, et ses pieuses réflexions, commençoient et finissoient si fidèlement tous les jours.

Ne pensez pas, messieurs, que notre héros perdît à la tête des armées, et au milieu des victoires, ces sentiments de religion. Certes, s'il y a une occasion au monde où l'ame pleine d'elle-même soit en danger d'oublier son Dieu, c'est dans ces postes éclatants où un homme, par la sagesse de sa conduite, par la grandeur de son courage, par la force de son bras, et par le nombre de ses soldats, devient comme le dieu des autres hommes, et, rempli de gloire en lui-même, remplit tout le reste du monde d'amour, d'admiration, ou de frayeur. Les dehors même de la guerre, le son des instruments, l'éclat des armes, l'ordre des troupes, le silence des soldats, l'ardeur de la mêlée, le commencement, le progrès et la consommation de la victoire, les cris différents des vaincus et des vainqueurs, attaquent l'ame par tant d'endroits, qu'enlevée à tout ce qu'elle a de sagesse et de modération, elle ne connoît ni Dieu ni elle-même. C'est alors que les impies Salmonée osent imiter le tonnerre de Dieu, et répondre par les foudres de la terre aux foudres du ciel : c'est alors que les sacriléges Antiochus n'adorent que leurs bras et leurs cœurs, et que les insolents Pharaon, enflés de leur puissance, s'écrient : C'est moi qui me suis fait moi-même. Mais aussi la religion et l'humilité paroissent-elles jamais plus majestueuses, que lorsque, dans ce point de gloire et de grandeur, elles retiennent le cœur de l'homme dans la soumission et la dépendance, où la créature doit être à l'égard de son Dieu ?

M. de Turenne n'a jamais plus vivement senti qu'il y avoit un Dieu au-dessus de sa tête, que dans ces occasions éclatantes où presque tous les autres l'oublient. C'étoit alors qu'il redoubloit ses prières ; on l'a vu même s'écarter dans les bois, où, la pluie sur la tête et les genoux dans la boue, il adoroit en cette humble posture ce Dieu devant qui les légions des anges tremblent et s'humilient. Les Israélites, pour s'assurer de la victoire, faisoient porter l'arche d'alliance dans leur camp, et M. de Turenne croyoit que le sien seroit sans force et sans défense, s'il n'étoit tous les jours fortifié par l'oblation de la divine victime qui a triomphé de toutes les forces de l'enfer. Il y assistoit avec une dévotion et une modestie capable d'inspirer du respect à ces ames dures à qui la vue des terribles mystères n'en inspiroit pas.

Dans le progrès même de la victoire, et dans ces moments d'amour-propre où un général voit qu'elle se déclare pour son parti, sa religion étoit en garde pour l'empêcher d'irriter tant soit peu le Dieu jaloux, par une confiance trop précipitée de vaincre. En vain tout retentissoit des cris de victoire autour de lui ; en vain les officiers se flattoient et le flattoient lui-même de l'assurance d'un heureux succès : il arrêtoit tous ces emportements de joie où l'orgueil humain a tant de part, par ces paroles si dignes de sa piété : « Si Dieu ne « nous soutient, et s'il n'achève son ouvrage, il y « a encore assez de temps pour être battus. »

Aussi, comme il reconnoissoit que toutes les victoires venoient de Dieu, il s'efforçoit de les rendre dignes de Dieu. Après avoir vaincu les ennemis, il n'oublioit rien pour vaincre la victoire même. Vous savez que naturellement elle est cruelle, insolente, impie : M. de Turenne la rendoit douce, raisonnable et religieuse. Quels ordres ne donnoit-il pas, quels efforts ne faisoit-il pas, pour arrêter le carnage, qui, après l'ardeur du combat, n'est plus qu'un crime et une brutalité barbare ; pour empêcher la profanation des temples, l'incendie des maisons, les dégâts inutiles, et les abominations, qui obligent si souvent les princes chrétiens à pleurer les plus justes et les plus glorieuses victoires ?

Après un tel exemple, les faux politiques oseront-ils encore mettre parmi leurs maximes impies, que la religion chrétienne n'est pas propre à faire de grands hommes de guerre ? Les libertins oseront-ils tourner en ridicule ceux qui songent à apporter aux occasions dangereuses un cœur d'autant plus ferme et plus intrépide que leur conscience est plus pure? O corruption! ô fantôme d'une fausse gloire! ô ouvrage funeste de ce vieil ennemi du genre humain, qui n'a que trop réussi à ouvrir une porte assurée à la mort éternelle des ames, dans un emploi où il a tant de portes ouvertes à la mort du corps! Quoi! messieurs, des chrétiens peuvent-ils penser qu'un homme soutenu de la confiance qu'il a en Dieu, armé de la sûreté de sa conscience, animé de l'espérance des couronnes immortelles, convaincu qu'une des plus essentielles obligations que la religion lui impose est de combattre et de mourir, s'il le faut, pour le service de son prince et de sa patrie, soit moins généreux et moins vaillant qu'un impie présomptueux, qui met toute son espérance en soi-même, et qui ne reconnoît point d'autre Dieu que son cœur et que son bras? Messieurs, le pourrez-vous croire désormais? Et si les exemples des Charlemagne, des Théodose, des David, qui ont plus remporté de victoires par leurs prières que par leurs épées, sont trop anciens et trop éloignés, ne serez-vous pas instruits par la piété et la religion du héros que vous venez de perdre? Vous lui avez vu prendre au pied des autels les armes pour aller combattre les ennemis : vous lui avez vu rapporter au pied des autels ces mêmes armes, après les avoir vaincus. Avez-vous vu que sa religion l'ait troublé en donnant les ordres; qu'elle l'ait rendu timide dans l'exécution, qu'elle l'ait empêché de poursuivre chaudement la victoire, d'en tirer tous les avantages possibles pour le service de son maître? Enfin, pour avoir de la religion, en étoit-il moins prudent, moins vaillant, moins heureux? ou plutôt n'étoit-il pas heureux, sage et vaillant, parcequ'il avoit de la religion?

Et en vérité, messieurs, il semble qu'il étoit bien juste que le Dieu des armées combattît pour un prince qui combattoit pour lui avec tant de zèle et d'ardeur. Le soin d'acquérir de nouveaux sujets à son roi ne l'empêchoit pas de songer aux conquêtes de Jésus-Christ, et à la conversion des hérétiques. C'étoient les victoires pour lesquelles il croyoit qu'il lui étoit permis d'avoir de l'amour-propre, et dont il pouvoit en quelque façon se glorifier. Il souhaitoit avec tant de passion de ne voir qu'un pasteur et qu'un bercail dans l'Église, que je ne crains point de dire qu'avec plaisir il se fût fait anathême pour réunir les frères qu'il avoit eus dans l'erreur à ceux que la vérité lui avoit donnés. Il n'épargnoit rien pour satisfaire cette sainte passion; il étudioit avec soin les meilleures manières de ramener les égarés; il avoit des conférences fréquentes avec toutes les personnes, qui, par leur savoir, leur zèle et leur charité, pouvoient avancer ce grand ouvrage. Au milieu de son camp, à la veille des plus importantes actions de la guerre, et quelques heures avant que de vaincre des armées entières, il écrivoit de longues lettres, il donnoit des avis pour enlever à l'hérésie quelque ministre ou quelque personne considérable, qui, par l'éclat de sa conversion, pût procurer celle de plusieurs autres.

Comme il savoit qu'il n'y a que trop d'hérétiques, qui, pour me servir des termes de Tertullien, regardent la pauvreté comme une divinité plus redoutable que le Dieu même dont ils tiennent la vérité captive dans l'injustice, il n'épargnoit ni son bien ni son crédit pour leur subsistance, et pour leur faire trouver dans l'Église véritable tout ce qu'ils perdoient de secours, d'appui et de biens, en quittant la fausse. Il n'étoit hardi à demander des graces au roi que sur ce sujet, et il fût allé jusqu'à l'importunité, si la religion de son prince n'eût prévenu son zèle. Ce zèle n'est pas éteint par sa mort; sa libéralité fait encore la guerre à l'hérésie, et il ne s'est pas contenté que l'exemple de sa conversion fût comme un phare qui avertît les hérétiques du chemin qu'il falloit tenir pour éviter les écueils; il a même préparé un port et un asile à ceux qui, se sauvant tout nus du naufrage, ont besoin de trouver sur la rive quelque main charitable qui leur aide à conserver une vie qu'ils viennent de garantir des flots. Tant de soins, tant d'application, tant de vues pour les intérêts de l'Église, ne méritent-ils pas qu'on lui donne les titres les plus pompeux dont les saints pères aient honoré la mémoire des princes religieux; que l'on publie que, comme Constantin, il a été un évêque du dehors pendant sa vie, et qu'on lui donne, comme à ce grand empereur, le nom de très saint et de très heureux après sa mort? Ce triste endroit de mon discours m'avertit ici qu'il faut que je dissipe quelques pensées sombres qui s'élèvent dans votre ame, et que je vous adresse les mêmes paroles que saint Ambroise employa autrefois dans l'oraison funèbre du jeune Valentinien : *Audio vos dolere quòd non accepit sacramenta baptismatis*; je vois, disoit-il au peuple de Milan, que vous avez une extrême douleur de ce que l'empereur est mort sans avoir reçu le baptême. Mais, continue-t-il, il avoit souhaité ce sacrement, il l'avoit demandé avec ardeur et avec une foi vive : n'est-ce pas en avoir la grace, quoiqu'on n'en ait pas reçu l'ablution? *Certè qui poposcit accepit.* Si les martyrs sont lavés dans leur sang sans le secours du baptême, pourquoi ne dirons-nous pas que l'illustre Valentinien a été baptisé par sa piété et par ses desirs? *Si suo sanguine abluuntur martyres, et hunc sua pietas abluit.*

Je suis bien éloigné de croire que j'aie ni la sainteté ni la gravité du grand Ambroise, pour donner à mes sentiments un poids approchant de celui qu'avoient les pensées de ce grand saint : mais aussi n'ai-je pas en main une matière plus favorable et des gages plus assurés du salut de M. de Turenne, que saint Ambroise n'en avoit de celui de Valentinien? Notre héros avoit été régénéré en Jésus-Christ par le baptême; il s'étoit uni à lui par la participation des divins mystères, en mangeant au pied des autels ce pain des forts qui soutient l'ame, et lui donne la force d'arriver à la sainte montagne de Dieu. Il avoit une foi vive, une confiance de fils en la bonté du Père céleste :

il sentoit, comme il le disoit lui-même au confident de sa piété, que l'amour de Dieu croissoit en son cœur. Ses mœurs étoient pures, ses intentions saintes; il avoit un extrême éloignement du péché; il adoroit Dieu en esprit et en vérité; il le prioit avec une charité ardente et une humilité sincère : il est mort dans le devoir actuel d'un bon citoyen; ses desirs les plus ardents étoient de contribuer par ses victoires à une paix, qui lui donnât le moyen de vaquer dans la retraite à cet unique nécessaire que Jésus - Christ nous enseigne dans l'évangile.

Le beau spectacle que c'eût été pour le monde chrétien, d'entendre dire à ce grand homme après la paix ce que dirent les Machabées vainqueurs de tous leurs ennemis : *Ecce contriti sunt omnes adversarii nostri, ascendamus nunc mundare sancta et renovare.* Voilà les ennemis de mon prince vaincus, l'Europe paisible, et la France triomphante : montons sur la sainte montagne de Sion pour y purifier et y achever le temple que Dieu veut avoir dans nos cœurs. Il l'eût fait, messieurs, il l'eût fait: on lui eût vu mettre toute sa gloire au pied de la croix, et descendre, par religion et par humilité, d'une élévation d'où les autres sont ordinairement précipités par quelque revers de fortune ou par la mort.

Ce grand et bel avenir dont sa mort précipitée nous a fait perdre l'exemple ne sera point perdu pour lui devant vous, grand Dieu! vous qui lisiez dans son cœur, vous qui voyiez ce desir sincère et empressé qu'il avoit de sortir de l'Égypte pour vous aller adorer dans le désert. Votre puissance peut, quand elle veut, mettre les temps en abrégé, et donner à quelques jours le mérite de plusieurs années; et cette même puissance, qui appelle les choses qui ne sont pas, avec la même facilité que celles qui sont, ne donnera-t-elle pas la récompense de ce glorieux avenir à un héros, qui s'en étoit presque attiré tout le mérite par l'ardeur et par la sincérité de ses desirs?

Mais, quand ce cœur ne seroit pas un fruit entièrement mûr pour le ciel, le Carmel, cette terre de graces et de bénédictions où il a été transplanté, ne lui avanceroit-il pas ce degré de chaleur et ce goût de sainteté qui le rendra propre pour l'éternité bienheureuse, tandis qu'il ne tombera pas une goutte de rosée sur les malheureuses montagnes, où ce grand homme a été enlevé à la terre? *Montes Gelboe, nec ros nec pluvia cadat super vos.*

L'oblation du sacrifice, l'élévation des mains de cet illustre prélat dont la tendresse redoublera la religion, le zèle et la piété, les prières de ces saintes filles du Carmel, attireront sur ce cœur des rosées d'en-haut assez abondantes pour lui donner sa dernière perfection.

Certes, l'on peut bien dire de M. de Turenne que la gloire qui l'a suivi durant toute sa vie l'a accompagné jusqu'après sa mort. Le roi, pour donner une marque immortelle de l'estime et de l'amitié dont il honoroit ce grand capitaine, donne une place illustre à ses glorieuses cendres parmi ces maîtres de la terre, qui conservent encore dans la magnificence de leurs tombeaux une image de celle de leurs trônes. Ce sera là, messieurs, que les étrangers curieux, et la postérité savante, iront apprendre dans les ornements de l'architecture les actions éclatantes de ce prince, dont la réputation a rempli toute la terre, et remplira la suite des siècles. Ce sera là que, par des emblêmes ingénieux, on apprendra quelles ont été les vertus civiles et morales par lesquelles il a surpassé la sagesse des plus célèbres philosophes. Mais si dans ce superbe monument M. de Turenne trouve la gloire d'Athènes et de Rome; dans celui que la piété de son illustre maison lui élève en ce saint lieu, nous pouvons dire que la gloire du Carmel lui est donnée : *Decor Carmeli datus est illi.* C'est ici que toutes les vertus chrétiennes feront le sujet de son épitaphe, et la magnificence de son tombeau. C'est ici que l'on apprendra que la grandeur de la naissance, la vie de la cour, la profession des armes, la gloire des victoires et des triomphes, et les applaudissements du monde, n'ont pas été incompatibles, dans le cœur de M. de Turenne, avec l'humilité de la croix ; et qu'une foi vive, une espérance ferme, une charité ardente, un zèle animé pour la conversion des hérétiques, une haine constante du péché, un amour véritable pour le bien, une intention pure, et enfin une religion pleine et sincère, ont procuré devant Dieu à ce parfait héros une gloire plus solide, plus éclatante, et plus durable, que celle dont il a été couvert devant les hommes.

FIN DE L'ORAISON FUNÈBRE DE TURENNE.

ORAISON FUNÈBRE

DE LOUIS DE BOURBON,

PRINCE DE CONDÉ, ET PREMIER PRINCE DU SANG;

PAR BOURDALOUE.

ORAISON FUNÈBRE

DE LOUIS DE BOURBON,

PRINCE DE CONDÉ, ET PREMIER PRINCE DU SANG.

Dixit quoque rex ad servos suos : Num ignoratis quoniam princeps et maximus cecidit hodie in Israel?... Plangensque ac lugens ait : Nequaquam, ut mori solent ignavi, mortuus est.

Le roi lui-même, touché de douleur et versant des larmes, dit à ses serviteurs : Ignorez-vous que le prince est mort, et que, dans sa personne, nous venons de perdre le plus grand homme d'Israël?... Il est mort, mais non pas comme les lâches ont coutume de mourir.

2 Reg. c. 3, v. 33.

MONSEIGNEUR [1],

C'EST ainsi que parla David dans le moment qu'il apprit la funeste mort d'un prince de la maison royale de Judée, qui avoit commandé avec

[1] M. le Prince.

honneur les armées du peuple de Dieu; et c'est, par l'application la plus heureuse que je pouvois faire des paroles de l'Écriture, l'éloge presque en mêmes termes, dont notre auguste monarque a honoré le premier prince de son sang, dans l'extrême et vive douleur que lui causa la nouvelle de sa mort. Après un témoignage aussi illustre et aussi authentique que celui-là, comment pourrions-nous ignorer la grandeur de la perte que nous avons faite dans la personne de ce prince? Comment pourrions-nous ne la pas comprendre après que le plus grand des rois l'a ressentie, et qu'il a bien voulu s'en expliquer par des marques si singulières de sa tendresse et de son estime; pendant que toute l'Europe le publie, et que les nations les plus ennemies du nom françois confessent hautement que celui que la mort vient de nous ravir est le prince et le très grand prince qu'elles ont admiré autant qu'elles l'ont redouté? Comment ne le saurions-nous pas, et comment l'ignorerions-nous à la vue de cette pompe funèbre, qui, en nous avertissant que ce prince n'est plus, nous rappelle le souvenir de tout ce qu'il a été; et qui, d'une voix muette, mais bien plus touchante que les plus éloquents discours, semble encore aujourd'hui nous dire : *Num ignoratis quoniam princeps et maximus cecidit in Israël ?*

Je ne viens donc pas ici, chrétiens, dans la seule pensée de vous l'apprendre. Je ne viens pas à la face des autels étaler en vain la gloire de ce héros, ni interrompre l'attention que vous devez aux saints mystères par un stérile quoique magnifique récit de ses éclatantes actions. Persuadé plus que jamais que la chaire de l'évangile n'est point faite pour des éloges profanes, je viens m'acquitter d'un devoir plus conforme à mon ministère. Chargé du soin de vous instruire et d'exciter votre piété par la vue même des grandeurs humaines, et du terme fatal où elles aboutissent, je viens satisfaire à ce que vous attendez de moi. Au lieu des prodigieux exploits de guerre, au lieu des victoires et des triomphes, au lieu des éminentes qualités du prince de Condé, je viens, touché de choses encore plus grandes et plus dignes de vos réflexions, vous raconter les miséricordes que Dieu lui a faites, les desseins que la Providence a eus sur lui, les soins qu'elle a pris de lui, les graces dont elle l'a comblé, les maux dont elle l'a préservé, les précipices et les abimes d'où elle l'a tiré, les voies de prédestination et de salut par où il lui a plu de le conduire, et l'heureuse fin dont, malgré les puissances de l'enfer, elle a terminé sa glorieuse course. Voilà ce que je me suis proposé, et les bornes dans lesquelles je me renferme.

Je ne laisserai pas, et j'aurai même besoin pour cela de vous dire ce que le monde a admiré dans ce prince; mais je le dirai en orateur chrétien, pour vous faire encore davantage admirer en lui les conseils de Dieu. Animé de cet esprit, et parlant dans la chaire de vérité, je ne craindrai point de vous parler de ses malheurs; je vous ferai remarquer les écueils de sa vie; je vous avouerai même, si vous voulez, ses égarements : mais, jusque dans ses malheurs, vous découvrirez avec moi des trésors de graces; jusque dans ses égarements vous reconnoîtrez les dons du ciel, et les vertus dont son ame étoit ornée. Des écueils même de sa vie vous apprendrez à quoi la Providence le destinoit, c'est-à-dire à être pour lui-même un vase de miséricorde, et pour les autres un exemple propre à confondre l'impiété. Or, tout cela vous instruira et vous édifiera. Il s'agit d'un héros de la terre; car c'est l'idée que tout l'univers a eue du prince de Condé. Mais je veux aujourd'hui m'élever au-dessus de cette idée, en vous proposant le prince de Condé comme un héros prédestiné pour le ciel, et dans cette seule parole consiste le précis et l'abrégé du discours que j'ai à vous faire. Je sais que d'oser louer ce grand homme, c'est pour moi une espèce de témérité, et que son éloge est un sujet infini que je ne remplirai pas : mais je sais bien aussi que vous êtes assez équitables pour ne pas exiger de moi que je le remplisse; et ma consolation est que vous me plaignez plutôt de la nécessité où je me suis trouvé de l'entreprendre. Je sais le désavantage que j'aurai de parler de ce grand homme à des auditeurs déja prévenus sur le sujet de sa personne d'un sentiment d'admiration et de vénération, qui surpassera toujours infiniment ce que j'en dirai : mais, dans l'impuissance d'en rien dire qui vous satisfasse, j'en appellerai à ce sentiment général dont vous êtes déja prévenus, et, profitant de votre disposition, j'irai chercher dans vos cœurs et dans vos esprits ce que je ne trouverai pas dans mes expressions et dans mes pensées.

Il s'agit, dis-je, d'un héros prédestiné de Dieu, et voici comme je l'ai conçu; écoutez-en la preuve, peut-être en serez-vous d'abord persuadés. Un héros à qui Dieu, par la plus singulière de toutes les graces, avoit donné, en le formant, un cœur solide pour soutenir le poids de sa propre gloire; un cœur droit pour servir de ressource à ses malheurs, et, puisqu'une fois j'ai osé le dire, à ses propres égarements; et enfin un cœur chrétien pour couronner dans sa personne une vie glorieuse par une sainte et précieuse mort. Trois caractères dont je me suis senti touché, et auxquels j'ai cru devoir d'autant plus m'attacher que c'est le prince lui-même qui m'a donné lieu d'en faire le partage, et qui m'en a tracé comme le plan dans cette dernière lettre qu'il écrivit au roi son souverain, en même temps qu'il se préparoit au jugement de son Dieu qu'il alloit subir. Vous l'avez vue, chrétiens, et vous n'avez pas oublié les trois temps et les trois états où lui-même s'y représente: son entrée dans le monde marquée par l'accomplissement de ses devoirs, et par les services qu'il a rendus à la France; le milieu de sa vie, où il reconnoît avoir tenu une conduite qu'il a lui-même condamnée; et sa fin consacrée au Seigneur par les saintes dispositions dans lesquelles il paroît qu'il alloit mourir : car prenez garde, s'il vous plaît : ses services, et la gloire qu'il avoit acquise, demandoient un cœur aussi solide que le sien pour ne s'en pas enfler ni élever ; ses malheurs, et ce qu'il a lui-même envisagé comme les écueils de sa vie, demandoient un cœur aussi droit pour être le premier à les condamner, et pour avoir tout le zèle qu'il a eu de les réparer; et sa mort, pour être aussi sainte et aussi digne de Dieu qu'elle l'a été, demandoit un cœur plein de foi et véritablement chrétien.

C'est donc sur les qualités de son cœur que je fonde aujourd'hui son éloge. Ce cœur dont nous conservons ici le précieux dépôt, et qui sera éternellement l'objet de notre reconnoissance ; ce cœur que la nature avoit fait si grand, et qui, sanctifié par la grace de Jésus-Christ, s'est trouvé à la fin un cœur parfait; ce cœur de héros, qui, après s'être rassasié de la gloire du monde, s'est, par une humble pénitence, soumis à l'empire de Dieu, je veux l'exposer à vos yeux ; je veux vous en faire connoître la solidité, la droiture, et la piété. Donnez-moi, Seigneur, vous à qui seul appartient de sonder les cœurs, les graces et les lumières dont j'ai besoin pour traiter ce sujet chrétiennement. Le voici, mes chers auditeurs, renfermé dans ces trois pensées. Un cœur dont la solidité a été à l'épreuve de toute la gloire et de toute la grandeur du monde;

c'est ce qui fera le sujet de votre admiration : un cœur dont la droiture s'est fait voir jusque dans les états de la vie les plus malheureux, et qui y paroissoient les plus opposés ; c'est ce qui doit être le sujet de votre instruction : un cœur dont la religion et la piété ont éclaté dans le temps de la vie le plus important, et dans le jour du salut, qui est principalement celui de la mort ; c'est ce que vous pourrez vous appliquer pour en faire le sujet de votre imitation, et ce sont les trois parties du devoir funèbre que je vais rendre à la mémoire de très haut, très puissant, et très excellent prince, Louis de Bourbon, prince de Condé, et premier prince du sang.

PREMIÈRE PARTIE.

De quelque manière que nous jugions des choses, et quelque idée que nous nous formions du mérite des hommes, ne nous flattons pas, chrétiens, il est rare de trouver dans le monde un vrai mérite ; encore plus rare d'y trouver un mérite parfait ; et souverainement rare, ou plutôt rare jusqu'au prodige, d'y trouver un mérite universel, c'est-à-dire tous les genres de mérite rassemblés et réunis dans un même sujet. Mais c'est pour cela même que ce mérite, quand il se trouve, est quelque chose de si difficile à soutenir; c'est pour cela que la gloire d'un tel mérite est une tentation si délicate et si dangereuse, et que de s'en préserver, c'est une espèce de miracle dont il n'y a qu'un héros choisi de Dieu et formé de la main de Dieu qui soit capable. Or, voilà quel fut le caractère de celui dont nous pleurons la mort; et c'est, mes chers auditeurs, le premier trait des miséricordes que Dieu par son aimable providence a exercées sur lui. Je m'explique.

On voit tous les jours dans le monde des hommes avec peu de mérite, aidés du hasard et de la fortune, ne laisser pas de s'acquérir de la gloire et faire de grandes actions, sans en être eux-mêmes plus grands. On voit dans le monde des hommes d'un mérite distingué, mais d'un mérite borné. On y voit des braves, mais dont les autres qualités ne répondent pas à la valeur; de grands capitaines, mais hors de là de petits génies. On y voit des esprits élevés, mais en même temps des ames basses; de bonnes têtes, mais de méchants cœurs. On y voit des sujets dont le mérite, quoique vrai, n'a pas le bonheur de plaire, et qui, avec tous les talents dont le ciel les a pourvus, n'ont pas celui de se faire aimer. On y voit des hommes qui brillent dans le mouvement et dans l'action, mais que le repos obscurcit et anéantit; que les emplois font valoir, mais qui dans la retraite ne sont plus que l'ombre de ce qu'ils ont été.

Où voit-on l'assemblage de toutes ces choses? c'est-à-dire, où voit-on tout ensemble et dans le même homme une gloire éclatante fondée sur un mérite infini; de grandes actions faites par des principes encore plus grands; un courage invincible pour la guerre, et une intelligence supérieure et dominante pour le conseil; un esprit vaste, pénétrant, sublime, n'ignorant rien, et né pour décider de tout; une ame encore plus belle et encore plus noble; les vertus militaires avec les civiles, l'élévation du génie avec la bonté, la vivacité des lumières avec les charmes de la douceur? Où voit-on un homme également aimable et redoutable, également aimé et admiré; un homme l'honneur de sa nation, la terreur des ennemis de son roi, l'ornement de la cour, l'admiration des savants, l'amour et les délices des honnêtes gens; un homme aussi grand dans la retraite qu'à la tête des armées; aussi comblé de gloire, réduit à lui-même et se possédant lui-même, que remportant des victoires et donnant des combats? Où voit-on, dis-je, tout cela, et dans un éminent degré?

Vous l'avez vu, chrétiens, et je ne sais si vous le verrez jamais. Des siècles ne suffisent pas pour en produire un exemple, et notre siècle est le siècle heureux où cet exemple a paru. Mais l'idée que j'en donne est trop singulière, pour pouvoir convenir ni être appliquée à nul autre qu'au prince incomparable que j'ai prétendu vous marquer; et je ne crains pas que, remplis de cette idée, vous ayez pu vous y méprendre, ni en imaginer un autre que lui. Or, concluez de là encore une fois quel fonds de solidité il a donc fallu que Dieu lui donnât pour le fortifier contre une telle gloire, c'est-à-dire non pas contre la vaine et la fausse gloire, dont il n'y a que les petits esprits qui soient susceptibles, mais contre la gloire selon le monde la plus véritable, et par conséquent la plus propre à inspirer aux héros mêmes le poison subtil de l'orgueil et d'une idolâtrie secrète de leurs personnes.

Non, chrétiens, jamais homme sur la terre n'a été ni dû être plus exposé à cette corruption de l'amour-propre, et à cette enflure de cœur qui naît de la connoissance de son propre mérite, que le prince dont je fais l'éloge. Pourquoi? Parceque jamais homme n'a eu dans sa condition un mérite si complet, si généralement reconnu, si hautement, si justement, si sincèrement applaudi. Quel bruit ne firent pas dans le monde ses premiers exploits, et par quels prodiges de valeur sa réputation naissante ne commença-t-elle pas à éclater?

Comme il étoit né pour la guerre, il ne lui fallut point d'apprentissage pour le former. La supériorité de son génie lui tint lieu d'art et d'expérience, et il commença par où les conquérants les plus fameux auroient tenu à gloire de finir. Dans un âge où à peine confie-t-on aux autres la conduite d'eux-mêmes, il se vit toute la fortune de la France entre les mains. Nous étions menacés des derniers malheurs : la foiblesse d'une minorité, une régence tumultueuse, un conseil en butte à l'intrigue et à la cabale, des semences de division, des grands mécontents, l'agitation de la cour, l'épuisement des peuples, faisoient concevoir à l'Espagne des espérances prochaines de notre ruine.

La valeur du duc d'Enghien apporta le remède à tous ces maux. Une bataille de laquelle dépendoit ou le salut, ou la perte de l'état, fut l'épreuve et le coup d'essai de ce jeune héros. On crut qu'emporté par l'ardeur de son courage il alloit tout risquer; et, déja sûr de lui, en capitaine consommé, il répondit et se chargea de l'évènement. En vain lui remontra-t-on qu'il alloit combattre une armée plus nombreuse que la sienne, composée des meilleures troupes de l'Europe, commandée par des chefs d'élite, fière et enflée de ses succès, avantageusement postée; plein d'une confiance qui parut dans ce moment-là lui être comme inspirée d'en-haut, quoique avec des forces inégales, il s'avança, il triompha; et, faisant tout céder à sa valeur, il déconcerta et il humilia les puissances ennemies.

Par-là il leur fit sentir que la France pouvoit être tout à-la-fois affligée et victorieuse, dans la désolation et en état de leur donner la loi. C'est ce que la journée de Rocroi leur dut apprendre, et ce qu'elles n'oublieront jamais. Mais en même temps par-là il sauva le royaume, il le calma; et, si j'ose ainsi m'exprimer, il le ranima. Il devint le soutien de la monarchie; et par cette importante action affermissant l'autorité du nouveau monarque, dont il étoit le bras, il nous fut dès-lors comme un présage de ce règne heureux, glorieux, miraculeux, sous lequel nous vivons.

En effet, depuis ce mémorable jour, la fortune, inconstante pour les autres, sembla pour lui s'être fixée, et avoir fait avec lui un pacte éternel pour être inséparable de ses armes. Vaincre et combattre ne fut plus désormais pour lui qu'une même chose. Ce ne fut plus qu'un torrent de prospérités, de conquêtes, de batailles gagnées, de prises de villes. Il n'y eut point de campagne suivante, qui, par la singularité des entreprises que forma le duc d'Enghien, et qu'il exécuta, n'égalât ou ne surpassât tout ce que nous lisons dans l'histoire de plus surprenant.

Les journées de Fribourg et de Norlingue, si célèbres par l'opiniâtre résistance des ennemis, et par les insurmontables difficultés qu'il y eut à les attaquer; ces journées, que l'on peut fort bien comparer à celles d'Arbelles et de Pharsale, portèrent l'alarme et l'effroi jusque dans le cœur de l'Empire, et forcèrent enfin l'Allemagne à vouloir la paix aux conditions qu'il nous plut de la lui donner. Sans parler de cent autres actions que je supprime, et dont vous êtes bien mieux instruits que moi, la journée de Lens, encore plus triomphante, acheva de mettre ce prince dans la juste et incontestable possession où il se vit alors d'être le héros de son siècle. Une suite si étonnante de succès prodigieux et inouis fit taire devant lui toute la terre [1], pour me servir du terme de l'Écriture, ou plutôt, par un contraire effet, quoique par la même raison, fit parler de lui toute la terre, c'est-à-dire la fit retentir de son nom, et la fit taire de tout le reste. Or, vous savez combien avec de tels succès il est difficile de ne pas s'éblouir, et de ne pas sortir des bornes de la modération humaine. Vous savez le danger qu'il y a de s'oublier alors soi-même, jusqu'à devenir l'adorateur de soi-même, et jusqu'à dire, comme l'impie : *Manus nostra excelsa, et non Dominus, fecit hæc omnia* [2]. Vous verrez pourtant combien, par la miséricorde du Seigneur, notre prince en fut éloigné.

Mais ce n'est pas tout, et je ne crains point d'amplifier ni d'exagérer, quand j'ajoute que ses succès n'ont été que la moindre partie de sa gloire, et que le principe de ses actions étoit encore plus propre à le flatter que ses actions mêmes, parcequ'on ne

1 MACH. 2, C. 1.
2 DEUT. C. 2.

peut nier que lui-même, et ce qui étoit en lui, ne fût encore infiniment plus grand que ce qui partoit de lui; car j'appelle le principe de tant d'héroïques actions ce génie transcendant et du premier ordre que Dieu lui avoit donné pour toutes les parties de l'art militaire, et qui, dans les siècles où l'admiration se tournant en idolâtrie produisoit des divinités, l'auroit fait passer pour le dieu de la guerre, tant il avoit d'avantage au-dessus de tous ceux qui s'y distinguoient.

J'appelle le principe de ces grands exploits cette ardeur martiale qui, sans témérité ni emportement, lui faisoit tout oser et tout entreprendre; ce feu qui dans l'exécution lui rendoit tout possible et tout facile; cette fermeté d'ame que jamais nul obstacle n'arrêta, que jamais nul péril n'épouvanta, que jamais nulle résistance ne lassa ni ne rebuta; cette vigilance que rien ne surprenoit; cette prévoyance à laquelle rien n'échappoit; cette étendue de pénétration avec laquelle, dans les plus hasardeuses occasions, il envisageoit d'abord tout ce qui pouvoit ou troubler ou favoriser l'évènement des choses, semblable à un aigle dont la vue perçante fait en un moment la découverte de tout un vaste pays; cette promptitude à prendre son parti, qu'on n'accusa jamais en lui de précipitation, et qui sans avoir les inconvénients de la lenteur des autres en avoit toute la maturité; cette science qu'il pratiquoit si bien, et qui le rendoit si habile à profiter des conjonctures, à prévenir les desseins des ennemis presque avant qu'ils fussent conçus, et à ne pas perdre en vaines délibérations ces moments heureux qui décident du sort des armes; cette activité que rien ne pouvoit égaler, et qui dans un jour de bataille le partageant, pour ainsi dire, et le multipliant, faisoit qu'il se trouvoit par-tout, qu'il suppléoit à tout, qu'il rallioit tout, qu'il maintenoit tout, soldat et général tout à-la-fois, et par sa présence inspirant à tout un corps d'armée, et jusqu'aux plus vils membres qui le composoient, son courage et sa valeur; ce sang-froid qu'il savoit si bien conserver dans la chaleur du combat; cette tranquillité dont il n'étoit jamais plus sûr que quand on en venoit aux mains, et dans l'horreur de la mêlée; cette modération et cette douceur pour les siens qui redoubloit à mesure que sa fierté contre l'ennemi étoit émue; cet inflexible oubli de sa personne qui n'écouta jamais la remontrance, et auquel constamment déterminé, il se fit toujours un devoir de prodiguer sa vie, et un jeu de braver la mort : car tout cela est le vif portrait que chacun de vous se fait, au moment que je parle, du prince que nous avons perdu ; et voilà ce qui fait les héros.

Ceux qu'a vantés l'ancienne Rome, et ceux qui avant lui s'étoient distingués sur le théâtre de la France, possédoient plus ou moins de ces qualités : l'un excelloit dans la conduite des siéges, l'autre dans l'art des campements ; celui-ci étoit bon pour l'attaque, et celui-là pour la défense : l'universalité jointe à l'éminence des vertus guerrières étoit le caractère de distinction de l'invincible Condé. Ainsi le publioit le grand Turenne, cet homme digne de l'immortalité, mais le plus légitime juge du mérite de notre prince, et le plus zélé aussi-bien que le plus sincère de ses admirateurs : ainsi, dis-je, le publioit-il ; et la justice qu'il a toujours rendue à ce héros, en lui donnant le rang que je lui donne, est un témoignage dont on l'a ouï cent fois s'honorer lui-même. De là vient que le prince de Condé valoit seul à la France des armées entières ; que devant lui les forces ennemies les plus redoutables s'affoiblissoient visiblement par la terreur de son nom ; que sous lui nos plus foibles troupes devenoient intrépides et invincibles ; que par lui nos frontières étoient à couvert, et nos provinces en sûreté; que sous lui se formoient et s'élevoient ces soldats aguerris, ces officiers expérimentés, ces braves dans tous les ordres de la milice, qui se sont depuis signalés dans nos dernières guerres, et qui n'ont acquis tant d'honneur au nom françois que parcequ'ils avoient eu ce prince pour maître et pour chef.

Quel trésor dans un état d'y posséder un tel homme! Et quel vide un tel homme par sa mort ne laisse-t-il pas dans un état! Or, de penser qu'on est cet homme, et l'être en effet, le savoir, le sentir, se l'entendre dire à toute heure, et jouir, mais aussi singulièrement que celui-ci, de cette haute réputation dont il semble que Dieu même a voulu paroître jaloux, ayant si souvent affecté de s'appeler dans l'Écriture le Dieu des armées, c'est-à-dire être entre les hommes comme le Dieu des autres hommes; quelle tentation et quel piége pour le salut, sur-tout dans les maximes d'une religion qui ne couronne que les humbles, et qui réprouve les vertus mêmes séparées de l'humilité! Vous allez voir si notre prince succomba à cette tentation.

Mais auparavant joignez à la gloire des armes celle de l'esprit, dont l'abus n'est pas moins à craindre, et qui donna dans sa personne tant de lustre à la qualité même de héros ; car il n'étoit pas, si j'ose me servir de ce terme, de ces héros incultes qui de la bravoure et de la science de la guerre se font un titre et un droit d'ignorance pour tout le reste. Avec le magnanime et l'héroïque, il sut accorder tout le brillant et tout le sublime des talents de l'esprit.

Quelle capacité plus vaste, quel discernement plus exquis, quel goût plus fin, quelle compréhension plus vive, quelle manière de penser et de s'énoncer plus juste et plus noble! Qu'ignoroit-il ? et dans l'immensité des choses dont il avoit acquis la connoissance, que ne savoit-il pas exactement ? Depuis le cèdre jusqu'à l'hyssope, aussi-bien que le sage Salomon, c'est-à-dire depuis la plus relevée théologie jusqu'aux moindres secrets de la mécanique, de quoi n'étoit-il pas instruit ? Que n'avoit-il pas lu et dévoré? Profane et sacré, antique et moderne, de quoi ne parloit-il pas et ne jugeoit-il pas en maître ?

S'il falloit assister à un conseil, avec quelle force de politique, avec quelle abondance d'expédients, avec quel don de décision, n'y opinoit-il pas ? S'il s'entretenoit avec des savants, que n'ajoutoit-il pas à leurs lumières par ses réflexions? et dans ce qu'ils croyoient savoir, de combien de faux préjugés, doué lui-même d'une science plus épurée, ne les faisoit-il pas revenir? Quel poids, s'ils le consultoient comme auteurs, son approbation ne donnoit-elle pas à leurs ouvrages? et quelle censure plus infaillible que la sienne leur répondoit par avance du jugement du public? Tout cela se trouvant en lui accompagné de ces vertus qui font l'ornement de la société civile, et qui, par une alliance rare, joignoient le parfait honnête homme à l'habile homme, au grand homme, au prince, au héros, que lui manquoit-il pour être selon le monde un homme achevé?

Jamais homme, encore une fois, n'eut donc tant de droit d'être rempli de lui-même, si jamais on peut avoir droit d'en être rempli; et jamais homme, pour se défendre de la vanité, n'eut donc tant à craindre du côté de la vérité. Mais c'est ici où commence le miracle de la Providence : car en même temps, parcequ'il avoit un cœur solide (or, voici à quoi je réduis la solidité de ce cœur, en le comparant et en l'opposant à lui-même), jamais homme avec tant de gloire n'a été si supérieur à sa propre gloire; jamais homme avec tant de mérite n'a été moins enflé de son mérite; jamais homme avec tant d'éclatants succès n'a été si éloigné de l'ostentation, ni si ennemi de la flatterie; jamais homme avec tant de grandeur n'a allié tant d'humanité, tant d'affabilité, tant de bonté; jamais homme avec tant de capacité et tant de lumières n'a eu moins de présomption ; jamais homme avec tant de sujets d'être content de lui-même n'a été moins occupé de lui-même, moins gâté ni moins infecté de l'amour de lui-même. Miracles, dis-je, de la Providence, mais d'autant plus miracles, qu'ils paroissoient en lui comme naturels. A ces traits, mes chers auditeurs, vous reconnoissez encore ici le prince de Condé.

Un héros supérieur à sa propre gloire, c'est-à-dire qui a tout fait pour l'acquérir, hors de la desirer et de la chercher, ce qu'il ne fit jamais. Quelle gloire avoit-il en vue? celle du roi et de l'état. Pour celle-là, il n'y avoit rien qu'il ne se crût permis; et la mesure de ses desirs, quand il s'agissoit de la gloire du roi, étoit de la desirer sans bornes, et de rapporter tout à elle, ou, pour mieux dire, de sacrifier tout pour elle. Il ne pensoit à la sienne que pour en réprimer les mouvements, et pour s'en interdire la vaine joie, qu'il estimoit une bassesse : ayant souvent protesté que, quoi qu'il eût fait, il n'avoit jamais rien fait pour paroître brave; ayant toujours eu pour maxime d'aller au solide des choses, d'aimer son devoir pour son devoir même, et de trouver dans le seul témoignage de sa conscience toute la récompense de ses services : solidité d'autant plus héroïque qu'elle est plus intérieure et plus cachée.

Un héros sans ostentation. Le vit-on jamais s'applaudir ou se prévaloir d'aucune de ces actions glorieuses qui l'avoient rendu si célèbre? S'il en parloit, c'étoit avec une retenue dont jamais ni sa complaisance pour ceux qui l'écoutoient, ni leur curiosité, qu'il faisoit souffrir, ne le fit relâcher. S'il racontoit le gain d'une bataille, vous eussiez dit qu'il n'y avoit eu nulle part; ce n'étoit que pour louer ceux qui y avoient montré de la valeur, que pour leur en donner la gloire, que pour les faire connoître à la cour : jamais plus éloquent ni plus officieux que quand il leur rendoit cette justice, et jamais plus en garde ni plus réservé que quand on vouloit ou surprendre ou forcer sa modestie, pour lui faire dire ce qui le touchoit personnellement. A-t-on pu obtenir de lui qu'il écrivît les mémoires de sa vie, chose qu'il auroit faite si dignement, et dont la postérité lui auroit eu une obligation éternelle? Et avec quelque instance qu'on l'en ait pressé, son indocilité sur ce point, si je puis m'exprimer de la sorte, a-t-elle pu être vaincue? Tout ce que j'ai fait, répondoit-il, n'est bon qu'à être oublié : il faut écrire l'histoire du roi; toute autre désormais seroit superflue. Et on sait avec quelle abondance de cœur il parloit ainsi. Sa sincérité n'étoit-elle pas en cela une aimable preuve de sa solidité?

Un héros ennemi de la flatterie. Vous me direz qu'il lui étoit aisé de l'être, parcequ'étant sûr de la vraie louange, et ayant tout ce qu'il avoit pour être sincèrement loué, à peine pouvoit-il craindre d'être flatté. Parlons donc plus correctement. Un héros ennemi de la louange même la plus sincère et la plus vraie, car il étoit difficile qu'on lui en donnât d'autre; mais c'étoit assez qu'elle fût louange pour qu'il ne pût la soutenir. Avec quelle impatience et quel chagrin ne la supportoit-il pas, quand il ne pouvoit l'éviter? et quand il en étoit le maître, avec quel air de dignité, quoique sans fierté, ne la rebutoit-il pas? Au lieu que le foible des grands est d'aimer à être trompés, et d'écouter avec plaisir l'adulation et le mensonge, dont on nourrit sans cesse leur amour-propre; le caractère tout opposé de notre prince étoit de ne pouvoir souffrir les vérités même qui lui étoient avantageuses, et qui, honorant son mérite, fatiguoient et gênoient sa modestie: hors de là passionné pour la vérité, c'est-à-dire aimant la vérité qui l'instruisoit, qui le détrompoit, qui le condamnoit; mais craignant et fuyant la vérité qui le louoit et qui l'exaltoit. Dis-je rien que vous n'ayez vu? et ce caractère de solidité, si rare parmi les princes, ne vous a-t-il pas fait cent fois admirer celui que vous regrettez aujourd'hui?

Un héros aussi humain qu'il étoit grand. Je sais qu'il pouvoit être l'un sans préjudice de l'autre; et je conviens qu'il étoit de l'intérêt de sa grandeur même qu'il eût ce fonds d'humanité qui le rendoit si affable et si accessible, parcequ'il ne paroissoit jamais plus grand que quand il se communiquoit, et qu'il se laissoit voir de près. De combien peu de grands du monde en pourroit-on dire autant! Mais aussi dans combien peu de grands du monde voit-on cette application qu'il avoit à gagner par des bontés prévenantes ceux qui avoient l'honneur de l'approcher! Vit-on jamais prince d'un commerce plus aisé, plus libre, plus commode? Se sentoit-on, quand on conversoit avec lui, embarrassé ou gêné du respect qu'on avoit pour sa personne, quoiqu'on en fût pénétré? Quel soin n'avoit-il pas de le tempérer par tout ce qu'il y a d'obligeant; se familiarisant avec les uns, s'abaissant avec les autres, s'ouvrant et se confiant à ceux-ci, entrant dans les affaires de ceux-là, s'accommodant et se proportionnant à tous? Pouvoit-on sortir d'avec lui sans être charmé de son honnêteté, et sans ressentir une joie secrète des marques qu'on venoit d'en recevoir? Et faut-il s'étonner, si, avec de semblables manières, après avoir gagné tant de batailles, il avoit gagné tant de cœurs? Mais en falloit-il un moins solide que le sien, pour préférer, comme il faisoit, cette conquête des cœurs à toutes celles qu'il avoit faites par sa valeur?

Un héros que l'amour de lui-même n'avoit point gâté. De là vient cet attachement admirable et cet inépuisable zèle qu'il avoit pour tous ses devoirs. Comme il étoit peu occupé de soi, il pensoit éternellement à ce qu'il croyoit devoir aux autres. Fut-il jamais un meilleur père? fut-il un plus aimable maître? fut-il un plus parfait ami? Quelle ample matière d'éloge ces trois qualités ne me fourniroient-elles pas, si je pouvois m'y arrêter?

Un plus parfait ami. Servez-m'en ici de témoins, vous qui en avez fait l'épreuve : en avez-vous connu un plus fidèle, un plus sûr, un plus exact observateur des droits sacrés de l'amitié? Vous qui êtes assez heureux pour avoir été honorés de celle de ce grand homme, rappelez-en le souvenir, et dites-moi : vous a-t-il jamais manqué? a-t-il eu de l'indifférence pour vos intérêts? s'est-il montré insensible à vos malheurs? lui est-il échappé un secret que vous lui eussiez confié? avez-vous découvert en lui ces foibles auxquels l'amitié des grands est si sujette, ou plutôt qui font que les grands connoissent si peu l'amitié? ses défiances et ses froideurs vous ont-elles causé de l'inquiétude? avez-vous eu à essuyer ses inégalités? a-t-il exigé de vous des dépendances serviles? Quand il a pu vous obliger, vous a-t-il fait valoir ses graces? Il aimoit, et il vouloit être aimé: a-t-il rien omis pour y réussir? et jamais prince y est-il mieux parvenu, c'est-à-dire jamais prince a-t-il eu tant d'amis choisis, tant d'amis désintéressés, tant d'amis attachés à lui pour lui-même, tant d'amis de toutes professions et de tous états, à la cour et hors de la cour, dans la robe et dans l'épée? Mais l'aimoit-on comme on aime ordinairement les princes, par intérêt, par politique, par nécessité, et n'avoit-il pas l'avantage d'être aimé comme les particuliers, par inclination, par choix, par estime; en un mot, parcequ'il étoit aimable? L'auroit-il été, quoique grand prince, s'il n'avoit été solide?

Un meilleur père et plus digne d'en porter le nom. Mais il ne m'appartient pas de toucher à cette qualité. Il n'y a que vous, prince et princesse qui m'écoutez, à qui elle ait été pleinement connue. Nous savons les soins infinis qu'il s'est donnés pour vous élever, et pour faire de vous des princes parfaits; mais il n'y a que vous-mêmes qui puissiez dire la tendresse qu'il a eue pour vos personnes. Je vous le demanderois ici, si je n'appréhendois de rouvrir vos plaies; et ce n'est qu'en tremblant que je vous y fais penser: mais dût-il vous en coûter de la douleur, au moins par-là comprendra-t-on combien vous lui avez été chers, et jusqu'où il a porté l'amour paternel. Permettez-moi donc de le dire, et, aux dépens de ce qu'en souffrira votre cœur, écoutez l'éloge d'un père, que la pieuse quoique profane antiquité n'auroit pas moins révéré sous ce nom de père que sous celui de héros; d'un père, dont vous avez été la joie comme il a été votre gloire. Il a rempli le devoir et le nom de père jusqu'à n'épargner pas sa propre vie, et jusqu'à se faire un plaisir de la sacrifier pour ses enfants; et puisqu'il faut le dire enfin, la mesure de l'amour qu'il a eu pour eux est qu'en effet il en a été la victime.

Or, tout cela compris ensemble est ce que j'ai appelé un cœur solide, opposé à ce cœur vain que Dieu réprouve, particulièrement dans les grands de la terre; et j'ai dit, mes chers auditeurs, que par-là Dieu avoit donné à notre prince un préservatif admirable non-seulement contre la gloire du monde, mais contre tous les désordres qui la suivent, et qui sont si funestes pour le salut: car qu'est-ce qui perd les grands du monde? Vous le savez; cette plénitude d'eux-mêmes, cette enflure de leur grandeur, cet abus de leur dignité, cet oubli de leurs devoirs, cette habitude d'indépendance, ce mépris et ce rebut des autres, cette haine de la vérité, cet amour de la flatterie, cette dureté, cette fierté, cette jalousie et cette ostentation d'autorité, cette crainte du mérite d'autrui, cette présomption du leur propre, cet entêtement de ce qui leur est dû, que sais-je? voilà ce que la gloire du monde leur attire; et, dans l'usage qu'ils en font, voilà ce qui les perd et ce qui les damne. Or, graces au Seigneur, rien de tout cela ne s'est trouvé dans notre prince, parcequ'il avoit un cœur solide à l'épreuve de la vanité, et de toute l'iniquité qui en est inséparable. Dieu lui donnant ce cœur solide préparoit donc dès-lors en lui le fond sur lequel devoit agir sa grace: il éloignoit donc déja de lui tous les obstacles que sa grace auroit eus à surmonter, si elle avoit trouvé en lui un autre cœur. Cette solidité de cœur entroit donc déja dans le dessein et dans l'ordre de sa prédestination éternelle: pourquoi? parceque, dans les vues de Dieu, elle devoit être en lui le contrepoids de toute la gloire qu'il avoit à soutenir. Mais voici quelque chose de plus; car j'ai ajouté que Dieu, par une seconde faveur, lui avoit donné un cœur droit pour servir de ressource à ses malheurs: et c'est le sujet de la seconde partie.

SECONDE PARTIE.

Il n'y a point d'astre qui ne souffre quelque éclipse; et le plus brillant de tous, qui est le soleil, est celui qui en souffre de plus grandes et de plus sensibles. Mais deux choses en ceci sont bien remarquables : l'une, que le soleil, quoique éclipsé, ne perd rien du fonds de ses lumières, et que, malgré sa défaillance, il ne laisse pas de conserver la rectitude de son mouvement; l'autre, qu'au moment qu'il s'éclipse, c'est alors que tout l'univers est plus attentif à l'observer et à le contempler, et qu'on en étudie plus curieusement les variations et le système : symbole admirable des états où Dieu a permis que se soit trouvé notre prince, et où je me suis engagé à vous le représenter. C'est un astre qui a eu ses éclipses. En vain entreprendrois-je de vous les cacher, puisqu'elles ont été aussi éclatantes que sa lumière même; et peut-être serois-je prévaricateur, si je n'en profitois pas pour en faire aujourd'hui le sujet de votre instruction. J'appelle ses éclipses le malheur qu'eut ce grand homme de se voir enveloppé dans un parti que forma l'esprit de discorde, et qui fut pour nous la source funeste de tant de calamités; et considérant ce grand homme dans sa profession de chrétien, j'entends, par l'éclipse qu'il a soufferte, ce temps où, livré à lui-même, il nous a paru comme dans une espèce d'oubli de Dieu;

ce refroidissement où nous l'avons vu dans la pratique des devoirs de la religion : deux choses que je ne puis pas disconvenir avoir été les deux endroits malheureux de sa vie, l'une par rapport à son roi, et l'autre par rapport à son Dieu. Mais c'est ici, adorable et aimable Providence, où vous me paroissez tout entière, et où je découvre le secret de votre conduite : car vous aviez donné à ce héros un cœur droit, qui, dans les maux les plus extrêmes, lui a été d'une immanquable ressource; un cœur droit qu'il a conservé dans ces deux malheureux états, et qui, ayant toujours été entre vos mains, ne s'est jamais absolument ni perverti, ni démenti; un cœur droit dont vous vous êtes avantageusement servie pour ramener ce héros à tout ce qu'il vous a plu, n'ayant permis qu'il s'écartât du droit chemin que pour l'y faire rentrer, et plus utilement pour nous, et plus glorieusement pour lui-même. Voilà, Providence de mon Dieu, l'effet de vos miséricordes, que je dois faire observer à ceux qui m'écoutent, et qui vont être pour eux autant de leçons de leurs plus importants devoirs.

Oui, pour le malheur de la France, le prince que nous pleurons se vit mêlé dans un parti que la discorde avoit formé, et qui le détacha de nous. D'autres plus éclairés que moi ont appréhendé de toucher ce point de son histoire; et moi, pour l'intérêt de mon ministère, je me suis senti inspiré de m'y arrêter : car j'ose dire que jamais point d'histoire ne fut plus propre à vous faire voir ce que peut la droiture d'un cœur dans l'extrémité des disgraces humaines, ni plus propre à imprimer dans vos esprits la grande maxime non-seulement de la véritable politique, mais de la pure religion, qui consiste dans l'inviolable attachement que l'on doit avoir pour les puissances établies de Dieu, et pour ceux en qui réside l'autorité légitime, ou qui en sont les dépositaires; et je ne crains pas que le zèle que vous avez pour la gloire du héros dont nous parlons vous fasse supporter avec peine cette morale, puisque c'est de la droiture même de son cœur et de la pureté de ses sentiments que j'en vais tirer les preuves les plus convaincantes.

Il est donc vrai, chrétiens, ce prince jusqu'alors l'appui de l'état, par la conjoncture fatale des dissentions civiles, en devint tout d'un coup la terreur. Il est vrai qu'entraîné par le torrent il se trouva malgré lui hors de la route que sa sagesse et sa raison lui faisoient tenir, et qu'il avoit résolu de suivre : mais il est vrai aussi (première circonstance bien essentielle) que jamais son cœur ne se sentit si cruellement déchiré; et nous n'avons qu'à rappeler le souvenir des choses passées, pour lui rendre aujourd'hui cette justice, qu'au moins les maux que nous souffrîmes, causés par la guerre qui s'alluma dans le royaume, ne durent point lui être imputés, puisqu'ils ne furent que les suites de la violence qu'on avoit faite à son cœur; et en effet, on sait combien il s'efforça de détourner l'orage de cette guerre, et de quelle manière, sur le point qu'elle alloit éclater, il s'y opposa. Malgré les chagrins dont il étoit accablé, et dont il pouvoit se promettre par elle du soulagement, on sait combien il y résista. Vaincu par d'autres intérêts que les siens, auxquels il ne put être insensible, et qui l'y engagèrent enfin, on sait le désespoir qu'il en témoigna : car il étoit naturellement ennemi des conseils violents, et, aux dépens de ses intérêts propres, il en avoit de l'horreur. Son cœur, dont les intentions étoient droites, n'eut donc par lui-même aucune part à nos misères; et si les mouvements de ce cœur eussent été suivis, vous le savez, jamais l'esprit de division n'auroit prévalu, jamais notre repos n'eût été troublé, et jamais la France n'eût eu la douleur de voir le prince de Condé séparé d'elle. Ce fut la main du Seigneur qui s'appesantit sur nous; ce fut le fruit de nos iniquités; ce fut la justice de Dieu, qui, pour nous punir, nous ôta ce prince, sur lequel, et avec raison, nous comptions bien plus que sur la multitude de nos légions et de nos forteresses.

Je ne dis point ceci pour vous justifier sa conduite. A Dieu ne plaise que j'excuse ce que lui-même a détesté, ni que je prétende faire ici une apologie dont il seroit encore le premier à me faire un crime! Qu'il ait été foible une fois, et qu'une fois il ait succombé à une tentation humaine (seconde circonstance), au moins est-il vrai qu'il a eu le mérite des cœurs droits et des grandes ames, en se condamnant lui-même; et à Dieu ne plaise que je diminue rien par mon discours d'un mérite aussi rare que celui-là! car je soutiens que, pour un héros comme lui, cette condamnation de soi-même, sur-tout avec les suites qu'elle a eues, et dont nous l'avons vue accompagnée, a été, dans l'ordre politique aussi-bien que dans la religion, cette espèce de pénitence qu'une bouche éloquente de notre siècle assuroit fort bien n'être pas moins glorieuse que l'innocence. Tel a été le sentiment de celui qui devoit en être le juge, c'est-à-dire du plus grand des rois; et nous savons combien ce désaveu sincère d'une conduite malheureuse a eu de pouvoir sur lui pour regagner sa confiance et son amitié.

Mais ne croyez pas qu'il n'en ait coûté à notre prince qu'un stérile et vain repentir (troisième circonstance encore plus notable). Pour donner à ce repentir plus d'efficace et plus de poids, l'un des soins de notre prince fut de le rendre utile et salutaire à tous ceux qui étoient alors compagnons de son triste sort. Éloigné de la cour et du royaume, il en faisoit des leçons au jeune prince son fils; et, par des confidences paternelles de l'état douloureux où il se voyoit, il rectifioit en lui, ou, si vous aimez mieux, il prévenoit les conséquences de son propre exemple. En père aussi tendre que sage, il lui représentoit les horreurs de ces sortes d'engagements; il lui mettoit devant les yeux et il lui faisoit sentir la déplorable destinée d'un prince réduit à chercher un asile, et à dépendre de la protection d'une puissance étrangère qui se défie toujours de lui, et dont lui-même ne peut jamais s'assurer. En un mot, il lui apprenoit à profiter de ses malheurs ; et son unique consolation dans le comble de ses disgraces étoit de penser qu'il élevoit dans la personne de ce fils un autre lui-même, mais qui, instruit et formé par lui, seroit plus heureux que lui, mieux conseillé que lui, le dirai-je ? plus irrépréhensible que lui, dans la chose du monde où il avoit plus recherché et plus passionnément souhaité de l'être. Fut-il jamais une droiture de cœur comparable à celle-là ? Ce n'est pas assez.

Pénétré de ces sentiments, et parcequ'il avoit le cœur droit, ce prince, quoique abandonné à sa mauvaise fortune, refusa constamment tous les avantages qui auroient pu la relever, mais qui en la relevant lui auroient été un obstacle à son rétablissement dans les bonnes graces et dans l'obéissance du roi (quatrième circonstance, dont vous avez dû faire avant moi la remarque). A quelle épreuve sur ce point l'Espagne ne le mit-elle pas, et à quelles conditions ne fut-elle pas toute prête de traiter avec lui, s'il avoit voulu pour jamais s'attacher à elle ? Mais avec quelle fermeté et quelle hauteur ne rejeta-t-il pas les propositions, quoique spécieuses, par où on le tenta ? On lui offrit en pleine souveraineté des villes et des provinces considérables; et il ne répondit à ces offres que par une généreuse indignation d'avoir été cru capable de les écouter. Le retour à l'obéissance de son roi lui parut quelque chose de meilleur et de plus avantageux pour lui que d'être lui-même souverain, et il préféra le droit qu'il s'étoit réservé de travailler à ce retour et de pouvoir l'espérer à tous les titres dont son ambition auroit pu hors de là être flattée. Elle étoit irritée par la misère; mais son devoir le soutint. Il ne put ni souffrir ni consentir d'acheter à ce prix une couronne; et il aima mieux s'exposer à être toujours malheureux que de renoncer pour jamais à être fidèle. Voilà ce que j'appelle un cœur droit.

Eut-il un moment de joie, tandis que, séparé de nous, il se vit dans l'affreuse nécessité d'être malgré lui-même notre ennemi? Non, messieurs; séparé de nous, il gémissoit dans le secret de son cœur des succès mêmes de ses armes: sa valeur, employée contre sa patrie, lui étoit odieuse à lui-même; forcé à en faire un tel usage, il auroit voulu ou en avoir moins, ou être hors de toute occasion de la produire. Que ne fit-il pas pour mettre fin à un état si violent (cinquième circonstance, dont je suis sûr que vous fûtes alors touchés)? Omit-il rien de tout ce qui dépendoit de lui pour disposer les choses à la paix? Dans les négociations des Pyrénées, où il fut question de régler ce qui regardoit sa personne, voulut-il être considéré au préjudice de la cause commune? Hésita-t-il à sacrifier tout plutôt que d'apporter à ce grand œuvre le moindre retardement? Les intérêts de ses amis exceptés, ne pria-t-il pas qu'on oubliât les siens, et qu'on l'oubliât lui-même, si de là dépendoit la conclusion d'un traité qui devoit pacifier l'Europe? et pourvu qu'on lui ménageât le seul bien après lequel il soupiroit, savoir les bonnes graces du roi, ne protesta-t-il pas qu'il seroit content? La paix entre les deux couronnes ne fut-elle pas le comble de ses vœux, parce-qu'elle l'assura que ce bien lui étoit accordé? et n'avouoit-il pas que le jour de sa vie le plus triomphant étoit celui où, rétabli à la cour et favorablement reçu du roi, il étoit rentré dans la possession de ce bien?

Mais avec quel zèle ne travailla-t-il pas ensuite à se l'assurer, et à s'en rendre digne plus que jamais (sixième et dernière circonstance)? et quel soin n'eut-il pas après son retour de réparer ses malheurs par le redoublement de ses services? Ici un nouvel ordre de choses se présente à moi, et je me trouve encore accablé de mon sujet ; car ce seroit le lieu de vous faire voir notre prince suivant le roi dans ces glorieuses campagnes qui ont été les miracles de notre siècle, et prenant part à ses conquêtes, dont un jour la postérité aura droit de douter, ou peut-être même qu'elle ne croira pas, parcequ'elles sont bien plus vraies que vraisemblables. De quel œil les regarda-t-il ? Si la droiture de son cœur n'en avoit encore sur ce point réglé les mouvements, peut-être auroit-il eu peine à n'en pas concevoir une envie secrète, lui qui jusque-là n'avoit rien trouvé dans la guerre qui pût être pour lui un sujet d'envie : mais il fut alors convaincu qu'il y avoit quelque chose de nouveau sous le soleil ; et parcequ'il avoit un cœur droit, il vit avec joie un plus fort que lui, selon le terme de l'Écriture, sur le théâtre du monde, obscurcissant tous les héros, et lui causant à lui-même de l'étonnement. Je vous représenterois, dis-je, le prince de Condé suivant les pas de Louis-le-Grand, qui étoient des pas de géant, et se surpassant par la nouvelle ardeur que lui inspiroit l'exemple de ce monarque. Vous le verriez, ainsi que parle Daniel, rajeuni comme l'aigle, et, dans un corps usé de travaux, rallumant tout le feu de ses premières années, combattre, et, comme un autre Hercule, défaire à Seneff l'hydre conjurée contre nous, c'est-à-dire les trois formidables armées de l'empereur, de l'Espagne, et de la Hollande; en poursuivre les restes, et les dissiper par la levée du siége d'Oudenarde; repasser en Allemagne, et, par sa présence, sauver l'Alsace exposée en proie à l'ennemi, et désolée par la mort de M. de Turenne; empêcher les funestes suites de la perte de ce général; avec les débris d'une armée et avec une poignée de gens arrêter toutes les forces de l'Empire, les faire honteusement échouer devant Haguenau et devant Saverne, les fatiguer, les consumer, les pousser au-delà du Rhin, par-tout secondé de son illustre fils, qui partageoit avec lui la gloire de ses actions, et à la valeur aussi-bien qu'à l'amour duquel il eut à Seneff la satisfaction et la joie de se voir lui-même redevable de la vie : par-tout s'immolant et se sacrifiant, mais par-tout triomphant et remplissant la mesure de cette glorieuse réparation qu'il faisoit à la France. Changeant de scène, vous l'admireriez hors du tumulte de la guerre et dans une vie plus tranquille, achevant en ceci de se satisfaire par une conduite envers le roi, qui n'eut peut-être jamais d'exemple, mais qui en pourra éternellement servir à tous ceux qui m'écoutent.

En effet, il n'y avoit point de particulier dans le royaume à qui le prince de Condé ne fût un modèle de l'attachement, du dévouement, de la soumission, et de l'obéissance, qui sont dus au roi; il n'y avoit point de courtisan qui n'apprît de lui à honorer, à révérer, à aimer le roi; il n'y avoit point d'esprit chagrin ni mécontent qu'il ne redressât, en lui inspirant la vénération et la tendresse qu'il avoit pour le roi. Ce mérite du roi, si connu, avoit des charmes pour lui qu'il faisoit sentir aux autres; et on ne concevoit jamais une idée plus haute des grandes qualités du roi que quand le prince de Condé s'en expliquoit, et qu'on l'en entendoit parler. Avec quelle application n'étudioit-il pas les volontés de ce monarque pour y conformer les siennes? Avec quelle ardeur n'alloit-il pas au-devant de tout ce qui pouvoit lui plaire? Avec quelle joie ne voyoit-il pas sa famille unie à la personne de ce grand roi par le lien d'un heureux mariage? Avec quels saisissements de douleur et de crainte n'appréhendoit-il pas et ne ressentoit-il pas les moindres maux dont la santé précieuse de ce grand roi étoit attaquée? Avec quelle vivacité ne s'intéressoit-il pas pour sa conservation? Après avoir cent fois tremblé des affreux périls où il avoit vu ce roi conquérant poussé par son héroïque valeur, avec quelle résolution ne l'empêcha-t-il pas de s'exposer aux dangers où la maladie de la jeune princesse, c'est-à-dire où l'excès de sa bonté et son amour de père alloient l'engager? Avec quel courage, dis-je, et quelle vigueur, notre prince, quoique lui-même languissant et déja mourant, ne l'en retira-t-il pas? Mais ne put-on pas dire alors, et n'eut-il pas droit de penser, qu'il rendoit par-là un service à l'état, seul capable d'effacer le souvenir des choses passées; que par-là il s'acquittoit envers la France de tout ce qu'il pouvoit lui avoir dû, et que lui conserver son roi étoit ne lui devoir plus rien? Voilà, mes chers auditeurs, de quoi nous sommes redevables à la droiture de son cœur. Mais voyons de quelle ressource la droiture de son cœur lui a été par rapport à son Dieu; et c'est ici où votre piété va trouver de quoi se satisfaire.

Il est vrai, ce prince, ou livré à lui-même, ou, si vous voulez, emporté par l'esprit du monde, nous a paru quelque temps comme dans une espèce d'oubli de Dieu. Mais quoiqu'il ait paru oublier Dieu, ô profondeur et abîme de miséricorde! il ne l'a jamais méconnu, et, malgré son relâchement dans la pratique des devoirs de la religion, il n'a jamais, dans le secret de son cœur, abandonné la religion, il n'a jamais perdu la foi, il n'a jamais douté de nos mystères. Ainsi l'a-t-il lui-même déclaré; et nous savons que son témoignage est vrai, puisque jamais prince ne fut moins capable que lui, sur-tout dans un sujet pareil, de dissimuler ni de feindre. Quand il ne l'auroit pas assuré, certains traits de sa vie, quoique alors moins chrétienne et plus dissipée, nous en auroient suffisamment répondu. Ce soin qu'il avoit après une victoire remportée, sur le champ même de bataille, les genoux en terre, d'en rendre à Dieu les premières actions de graces; c'est ce qu'il fit à Rocroi : ces ordres si absolus et si sévères qu'il faisoit garder, pour empêcher dans la licence de la guerre la profanation des lieux saints: cette exactitude à ne confier les bénéfices auxquels il devoit pourvoir, sur-tout quand ils étoient chargés de la conduite des ames, qu'à des sujets choisis et sans reproche; chose qu'il observa toujours:

ce zèle si louable qu'il témoignoit pour la conversion du moindre de ses domestiques engagé dans l'hérésie; c'est ce que nous avons vu : ces conseils salutaires qu'il a si souvent donnés à ses amis mourants, et à ceux qui dans les attaques étoient blessés auprès de lui, les exhortant le premier à mettre leur salut en assurance, et s'employant à leur en procurer les prompts secours : ces marques de christianisme si édifiantes qu'il donna lui-même à Gand dans le danger d'une maladie; et ce qui nous a enfin paru à sa mort, où, comme parle le Saint-Esprit, se fait la manifestation des sentiments de l'homme et de ses œuvres : *In fine hominis denudatio operum ipsius* [1] : tout cela, dis-je, montre bien qu'au milieu même des égarements du monde la religion s'étoit conservée dans son cœur. Or, elle ne s'y étoit conservée que parcequ'il avoit un cœur droit; et par-là je prétends, mes chers auditeurs, rendre ici à la religion un des plus invincibles témoignages qui puissent lui être rendus; par-là je prétends confondre le libertinage et tous les monstres d'impiété qui pourroient régner parmi vous; et je veux par-

1 Eccli. 11, 29.

là vous faire adorer la Providence, qui sait si bien des plus grands maux tirer sa gloire et notre bien. Écoutez-moi, et qu'au moins ce que je vais dire ne soit pas un jour le sujet de votre condamnation.

Témoignage invincible et irréprochable en faveur de la religion : pourquoi? Parceque jamais homme, à peine en excepterois-je saint Augustin, n'a tant examiné la religion, ni avec un esprit si éclairé, que notre prince; et ce que je vous prie en même temps de remarquer, jamais homme ne l'a étudiée avec moins de précaution que lui, ni avec plus de danger de la perdre, c'est-à-dire avec un esprit plus curieux et plus éloigné de cette soumission aveugle que la religion demande. Or, que s'ensuit-il de là? Le voici, non pas comme je l'imagine, mais comme le prince lui-même l'a éprouvé par un don de grace dont il a depuis tant de fois rendu gloire à Dieu. Il s'ensuit de là qu'il n'a donc conservé la religion pure, que parceque, malgré sa curiosité, il l'a connue vraie; c'est-à-dire que parceque sa curiosité, son savoir, sa pénétration, n'ont pu y découvrir de foible; que, parcequ'à l'exemple de saint Augustin, plus il étudioit cette religion, plus elle lui paroissoit fondée sur les principes éternels de la vérité et de la sainteté; que parceque toutes ses recherches n'aboutissoient qu'à l'en convaincre; que parcequ'au milieu même des égarements du monde il avoit, aussi-bien que saint Augustin, une raison saine, et que son cœur, qui étoit droit, a toujours été, sur le point de la religion, d'intelligence et d'accord avec sa raison : car voilà ce que l'iniquité du monde n'a jamais pu corrompre dans ce grand homme, et voilà ce qui l'a sauvé. S'il avoit eu moins de lumières, semblable à ces demi-savants qui ne sont impies que parcequ'ils sont ignorants, il auroit, comme dit l'apôtre[1], témérairement condamné tout ce qu'il auroit ignoré. S'il avoit eu moins de droiture, il n'auroit cru que ce qu'il auroit voulu; et, à l'exemple de l'insensé qui voudroit qu'il n'y eût point de Dieu, il auroit dit dans son cœur : « Il n'y a point de « Dieu[2]. » Mais parceque la droiture de son cœur répondoit parfaitement à l'abondance de ses lumières et à l'intégrité de sa raison, malgré l'impiété du monde, il a toujours dit et dans sa rai-

1 Jud. Epist.

2 Ps. 13, 1.

son et dans son cœur : « Il y a un Dieu ; » et par un enchaînement de conséquences, contre l'évidence desquelles il a cent fois confessé que le libertinage le plus fier n'avoit rien à opposer que de foible et de pitoyable, son cœur, de concert avec sa raison, lui a toujours fait conclure : « Il « y a un Dieu. Il y a une religion qui est le vrai « culte de Dieu. De toutes les religions du monde, « la chrétienne est uniquement et incontestable- « ment l'ouvrage de Dieu. De toutes les sociétés « chrétiennes, il n'y a que dans la catholique où se « trouve l'unité, où subsiste l'ordre, et par con- « séquent où réside l'esprit de Dieu. » C'est ainsi, mes chers auditeurs, que raisonnoit ce grand prince, et c'est à quoi, s'en ouvrant lui même à ses plus confidents amis, il protestoit qu'il s'en étoit toujours tenu.

Or, voilà ce que je prétends avoir été l'heureuse ressource ou le remède souverain de ses froideurs et de ses relâchements dans la pratique des devoirs chrétiens : car d'un cœur ainsi disposé, que ne doit-on pas attendre ? d'un cœur en qui la religion n'est pas éteinte, que n'a-t-on pas lieu d'espérer ? avec ce principe de religion, de quoi ne revient-on pas ? Tandis que la foi est encore vivante[1], faut-il s'étonner, si, malgré la dissipation des voies du siècle, malgré la dureté de la pierre, malgré les épines qui l'étouffent, cette divine semence, surmontant tout cela par sa vertu, produit enfin des fruits de grace, de salut, et de sainteté? Et n'est-ce pas le miracle de la miséricorde que nous avons vu dans la personne de notre incomparable prince? Le dirai-je, chrétiens? Dieu m'avoit donné comme un pressentiment de ce miracle; et dans le lieu même où je vous parle aujourd'hui, dans une cérémonie toute semblable à celle pour laquelle vous êtes ici assemblés, le prince lui-même m'écoutant, j'en avois non-seulement formé le vœu, mais comme anticipé l'effet, par une prière qui parut alors tenir quelque chose de la prédiction. Soit inspiration, ou transport de zèle, élevé au-dessus de moi, je m'étois promis, Seigneur, ou plutôt je m'étois assuré de vous, que vous ne laisseriez pas ce grand homme, avec un cœur aussi droit que celui que je lui connoissois, dans la voie de la perdition et de la corruption du monde. Lui-même, dont la présence m'animoit, en fut ému. Et qui sait, ô mon Dieu, si,

1 Luc, 1.

vous servant dès-lors de mon foible organe, vous ne commençâtes pas dans ce moment-là à l'éclairer et à le toucher de vos divines lumières! Quoi qu'il en soit, mes vœux et mes souhaits n'ont point été vains. Il vous a plu, Seigneur, de les exaucer, et j'ai eu la consolation de voir ma parole accomplie. Ce prince qui m'avoit écouté a depuis écouté votre voix secrète; et, parcequ'il avoit un cœur droit, il a suivi l'attrait de votre grace. Mais je m'aperçois que j'entre dans le sanctuaire de ce cœur, et que sa droiture m'a insensiblement conduit à sa piété; dernière qualité, qui, dans sa personne, a couronné, comme j'ai dit, une vie glorieuse par une sainte et précieuse mort. Encore un moment de votre attention, et je vais finir.

TROISIÈME PARTIE.

C'est à la mort, dit saint Chrysostome, que le secret de la prédestination des hommes commence à se développer; et c'est, si j'ose parler ainsi, dans ce dénouement de la vie où nous voyons tous les jours le discernement que Dieu fait déja du bon grain et de la paille, c'est-à-dire des lâches chrétiens et de ceux en qui la foi est victorieuse du monde, par la différence des caractères et des dispositions de ceux qui meurent : car les chrétiens lâches, dit ce saint docteur, par un effet de réprobation visible, qui est la suite déplorable de leur lâcheté, quoique chargés de crimes devant Dieu, obstinés à jouir de la vie, remettent l'importante affaire de leur conversion au temps de la mort; font paroître des foiblesses honteuses, et, supposé les principes de la religion, affreuses et scandaleuses, dans la nécessité la plus pressante de se disposer à la mort; ont pour Dieu des cœurs froids et des cœurs durs, dans la vue même prochaine de la mort. Telle est la destinée fatale des mondains que Dieu rejette. Au contraire, ceux qu'il choisit pour être, comme dit saint Paul, des vases de miséricorde, s'ils sont dans le désordre du péché, préviennent la mort par une véritable pénitence; purifiés par la pénitence, regardent la mort avec tranquillité, et en soutiennent le combat avec fermeté; mourants, achèvent de se sanctifier par la mort, ou plutôt sanctifient la mort même, et se la rendent précieuse devant Dieu par la ferveur de leur piété. Ainsi meurent les élus de Dieu; et c'est ainsi, mes chers auditeurs, qu'est mort le grand prince à qui nous rendons aujourd'hui les devoirs funèbres.

Il est mort en sage chrétien, parcequ'il a voulu que sa mort fût précédée de sa conversion et de son retour à Dieu; il est mort en héros chrétien, parcequ'il a fait paroître en mourant toute la grandeur de son ame; il est mort en parfait chrétien, parcequ'il a consacré les derniers moments de sa vie par tout ce que la religion peut inspirer de plus saint et de plus tendre à un cœur fervent. N'ai-je donc pas eu raison de lui appliquer cet éloge de l'Écriture, *Nequaquam, ut mori solent ignavi, mortuus est*[1]? Il est mort, mais non pas comme les lâches mondains, ni comme les lâches impies ont coutume de mourir. Or, voilà, hommes du siècle, ce que vous devez imiter. Ni la valeur de ce prince, ni ses qualités héroïques, ne sont presque pas des exemples pour vous, tant elles ont été élevées au-dessus de vous; mais sa conversion et sa mort sont des modèles que Dieu vous avoit réservés, et dont je défie les cœurs les plus impénitents et les plus endurcis pécheurs de n'avoir pas été touchés.

1 2 Reg. 3, 33.

Il voulut en sage chrétien, par un retour à Dieu aussi sincère qu'exemplaire, prévenir la mort. Ce fut votre ouvrage, Seigneur, et la gloire en est due encore aujourd'hui à votre grace toute-puissante. Il auroit pu, suivant le malheureux usage des esclaves du monde, attendre jusqu'à la dernière heure, et par d'opiniâtres délais, dans l'impuissance de se résoudre, pousser jusqu'au bout le désordre d'une espérance présomptueuse; mais il avoit trop de lumières pour prendre un si mauvais parti. Persuadé qu'une conversion à la mort n'étoit d'ordinaire qu'une conversion forcée, et qu'une conversion forcée ne pouvoit jamais être une conversion chrétienne, il en médita une qui au moins de ce côté-là ne pût pas à lui-même lui être suspecte; et il voulut, par des épreuves solides de soi-même, se donner le loisir de se convaincre que c'étoit lui qui quittoit son péché, et non pas son péché qui le quittoit. Touché du souvenir des dangers qu'il avoit courus, et dans lesquels, prodigue de son ame aussi-bien que de sa vie, il avoit mille fois risqué son salut éternel, il conçut l'importance et l'obligation de l'assurer une fois. Son ame, sauvée de tant de périls, lui parut précieuse. Il ne voulut pas qu'en vain la Providence eût fait tant de miracles pour le conserver. Il crut lui devoir cet hommage, non-seulement de ne la plus tenter, mais de racheter, par ce qui lui restoit de jours et d'années, l'oubli de Dieu et de soi-même dans lequel il avoit vécu. Le moment de salut arriva pour lui : il le connut; et dans un temps où le monde ne s'y attendoit plus, mais où le Dieu des miséricordes avoit préparé son cœur, ce prince, qui n'avoit si long-temps balancé que pour s'affermir davantage, après avoir pris toutes les mesures pour s'attirer le don du ciel, se déclara enfin par un changement qui réjouit les anges et qui édifia les hommes, qui consola les gens de bien et qui confondit les impies. Quel coup de foudre pour ceux-ci, lorsqu'ils virent éclater les véritables sentiments de ce héros, duquel ils s'étoient jusque-là, quoique injustement, prévalus pour autoriser leur conduite! Ce coup, mes chers auditeurs, les atterra et les consterna. De tout autre exemple le libertinage en auroit appelé, ou plutôt, contre tout autre exemple il se seroit ou élevé ou inscrit en faux; car voilà l'iniquité de l'esprit libertin du siècle. Qu'un mondain, même de bonne foi, réforme sa vie, on raisonne sur sa conversion, on en cherche les motifs, on veut que l'intérêt soit le ressort qui ait donné le mouvement à la grace; et, quand tous les dehors sont hors de prise, on va fouiller jusque dans les intentions les plus secrètes pour y trouver le levain caché de l'hypocrisie et de la dissimulation.

La conversion de notre prince fut à couvert de tout cela. Sa bonne foi et la sincérité de son procédé étoient si établies dans le monde que l'impiété la plus maligne se tut, et respecta dans sa personne l'œuvre de Dieu. En effet, jamais retour à Dieu ne fut plus humble, plus uniforme, plus constant ni mieux soutenu, plus accompagné de toutes les conditions que le monde même respecte, et qui font dans les actions des hommes ce caractère d'irrépréhensibilité dont parle saint Paul. Quelles mesures de prudence, je dis de prudence chrétienne, son humilité n'y observa-t-elle pas? Également ennemi de l'affectation et de l'ostentation, il évita soigneusement tout ce qui pouvoit ressentir l'une ou l'autre dans l'accomplissement d'une résolution si sainte; et l'une de ses applications fut de n'y mêler aucune singularité par où il semblât avoir voulu s'en faire honneur; s'étant proposé pour modèle le sage et l'humble saint Augustin, qui en usa de la sorte, de peur, disoit-il lui-même dans le livre de ses Confessions, qu'on ne l'accusât ou qu'on ne le soupçonnât d'avoir voulu paroître grand jusque dans sa pénitence. *Ne conversa in factum meum intuentium ora dicerent, quod quasi appetiissem magnus videri* [1]. Avec quelle égalité d'ame et quelle constance notre prince ne poursuivit-il pas ce que la grace du Seigneur lui avoit si divinement inspiré! Incapable d'un vain projet, il se prescrivit dès-lors à soi-même une forme de vie chrétienne qu'il pratiqua sans relâche, et de laquelle il ne se démentit jamais; assistant chaque jour, mais avec un respect digne de Dieu, au mystère adorable et redoutable; priant, comme le centenier Corneille, avec assiduité; nourrissant son ame de la lecture des écritures saintes, dont Dieu lui avoit donné le goût; la purifiant par la patience, qui, selon l'Apôtre, devint l'épreuve de sa foi aussi-bien que la matière de sa pénitence; bénissant Dieu dans ses douleurs, et lui en faisant par sa soumission un sacrifice continuel : tout cela à la vue de sa maison, qu'il édifioit, et qu'il régloit par son exemple;

1 Conf. l. 9, c. 2.

n'ayant pas eu moins de zèle pour donner, selon l'évangile, les marques nécessaires de sa conversion, et pour en faire voir les fruits, que de modestie pour en éviter l'éclat; et, jusqu'au temps que le Seigneur acheva d'y mettre le sceau de la grace finale, ayant soutenu avec une inviolable persévérance ce qu'il avoit si saintement et si mûrement entrepris.

Ainsi préparé du côté de Dieu, faut-il s'étonner s'il a fait paroître en mourant toute la grandeur de son ame, et s'il est mort en héros chrétien? Car on peut bien dire de lui ce qu'a dit l'Écriture d'un saint roi dont elle a canonisé la piété, *Spiritu magno vidit ultima* [1], qu'il a envisagé sa fin avec cet esprit de héros qui fut encore ici son caractère, et qui jamais ne fut plus grand que quand il se trouva dans sa personne sanctifié par la religion : *Spiritu magno*. Les impies et les enfants du siècle, malgré la prétendue force d'esprit qu'ils affectent pendant la vie, laissent voir aux approches de la mort toute leur foiblesse. Ils sont désolés à la mort, parcequ'ils n'ont pas assez de force pour se résoudre à quitter la vie. Ils veulent

1 Eccli. 48, 27.

à la mort être trompés, parcequ'ils n'ont pas le courage de s'entendre dire qu'il faut mourir. Leur en porter la parole est pour eux une mort anticipée, que la fausse prudence du siècle croit toujours leur devoir épargner. Un malheureux respect humain, fondé sur leur conduite passée, et encore plus sur leur disposition présente, ferme sur cela la bouche aux plus zélés de leurs amis. On écarte les ministres de l'Église, dont au moins la vue les avertiroit d'y penser; et la crainte d'effrayer un pécheur mourant, mais particulièrement un grand du monde, fait qu'on le livre tel qu'il est, et qu'on l'abandonne à la rigueur des jugements de Dieu : terrible mais juste châtiment de sa lâcheté!

C'est ce que nous voyons tous les jours; mais c'est ce qu'on n'a pas vu dans le héros dont je vous propose l'exemple. Que fait-il? Frappé de la maladie qui doit décider de son sort, pour en bien soutenir l'attaque, il en veut savoir le péril; il commande, mais en prince et en maître, qu'on ne lui déguise rien de l'état où il est; il oblige ceux qu'il a honorés de sa confiance à lui rendre cet important quoique douloureux office; il leur en lève lui-même toutes les difficultés; il reçoit la nouvelle de sa mort comme il a cent fois reçu les ordres de son souverain, c'est-à-dire comme un ordre du ciel auquel il est prêt à obéir; et le premier sentiment dont il est touché, c'est d'adorer en esprit et en vérité l'auteur de son être, en lui disant avec une soumission également chrétienne et héroïque : *Dominus est; quod bonum est in oculis suis faciat* [1]. « Il est le maître de ma vie; qu'il « fasse de moi ce qui est agréable à ses yeux. » Posséda-t-il jamais son ame avec plus de fermeté? et dans un jour de bataille eut-il jamais plus de présence et plus d'application d'esprit que ce jour-là? Quoique mourant, aucun de ses devoirs ne lui échappe. Il écrit au roi une lettre aussi tendre que respectueuse. Il profite de ce moment pour obtenir une grace qu'il a si ardemment souhaitée, et qui va finir la disgrace d'un prince qu'il ne peut oublier, d'un prince qu'il a reconnu si digne de ses soins, d'un prince qu'un mérite éprouvé, et dont il répond, lui a rendu encore plus cher que la proximité du sang. Il pourvoit aux affaires de sa maison avec autant de liberté que de sagesse. Il pense à ses amis; et, malgré eux, par les bien-

1 1 Reg. 3.

faits dont il les comble, il leur donne les dernières marques de sa précieuse amitié. Vous diriez qu'en effet la mort n'est pour lui qu'un départ et un voyage auquel il se dispose, au lieu que l'impie la regarde comme une entière ruine et comme une totale destruction : *Et quod à nobis est iter, exterminium* [1]. Mais laissons là ces devoirs du monde, et attachons-nous à ce qu'il fait comme chrétien.

Le désordre ou plutôt le scandale des mondains qui meurent est qu'on n'ose même leur parler de ce que l'Église a pour eux de plus salutaire et de plus saint. Cette idée de sacrements de l'Église, qui dans les vues de la foi devroit les remplir de consolation et de force, du moment qu'on la leur propose, les jette dans des abattements d'esprit qu'on ne sait si l'on doit imputer à une simple lâcheté, ou à une énorme dureté; et Dieu veuille qu'il n'y entre point d'infidélité! Quels détours ne faut-il pas prendre, et, à la honte de la religion, quels ménagements ne faut-il pas apporter pour les déterminer à se munir de ses divins secours, et à se pourvoir de ces remèdes souverains qui sont les

1 Sap. 3, 3.

sources du salut? Ni ménagements ni détours ne sont nécessaires pour y déterminer notre prince. Il les desire lui-même avec ardeur, il les demande avec empressement; il n'attend pas que son esprit affoibli ne soit plus en état d'en profiter; il veut, pour en ressentir toute la vertu, être dans un parfait usage de sa raison, et posséder son ame tout entière, pour s'en appliquer tout le fruit. Instruit de cette grande vérité, que les choses saintes ne sont que pour les saints, il s'y prépare non-seulement par une confession fervente, mais par une exacte et rigoureuse discussion de toutes les obligations que sa religion lui prescrit, et auxquelles il achève de satisfaire. OEuvres de piété, de charité, de justice, il n'omet rien de tout ce que la délicatesse d'une conscience aussi éclairée que la sienne peut lui suggérer; et ce que l'on a admiré, ou même vanté dans les consciences les plus timorées, est ce qu'il accomplit avec toute l'humilité du serviteur inutile, mais pourtant fidèle. Si quelque chose, malgré ses soins, se trouve avoir manqué à ce qu'il ordonne et à quoi il fut obligé, il y supplée par la plus sûre et la plus efficace de toutes les voies. Il sait l'amitié qu'a son fils pour lui; il connoit son cœur, et il ne croit pas pouvoir donner à Dieu une caution plus infaillible de ce qu'il lui resteroit à acquitter, que l'amitié de ce fils, sur laquelle il se repose. Se trompoit-il, et, fondé sur cette amitié, n'avoit-il pas droit de s'assurer de tout? Mais achevons.

Après avoir reçu son Dieu, plein de zèle, et animé de cette ferveur qui est comme l'effet sensible du sacrement dans ceux qui le reçoivent bien disposés, il répand son ame en présence des siens. Prince et princesse qui m'écoutez, oserois-je vous remettre devant les yeux ce triste spectacle que votre douleur eut tant de peine à soutenir? Mais suspendez pour un moment votre douleur, et dites-moi, avez-vous jamais ouï parler avec plus de dignité, avec plus de grace, avec plus d'énergie et plus de force, de vos plus essentiels devoirs, que vous en parla ce héros mourant? Non, je ne craindrai pas de vous rappeler ses dernières paroles. Je sais que vous ne pouvez les oublier, et que vous en fûtes trop vivement pénétrés pour en perdre jamais le souvenir. Quand vous n'auriez pas eu jusqu'alors les sentiments de religion que Dieu vous a donnés, ce prince, l'organe de Dieu, vous les auroit inspirés dans le moment qu'il se sépara de vous; et le dernier effort qu'il fit, lorsque, bénissant sa famille dans vos personnes, il vous dit « que la véritable grandeur consistoit à servir le « maître des maîtres et à mettre en lui sa con- « fiance, et que vous ne seriez jamais ni grands « hommes ni grands princes, qu'autant que vous « seriez chrétiens et attachés solidement à Dieu : » ces paroles, dis-je, que vous recueillîtes avec autant de respect que de piété, auroient bien fait sur vous plus d'impression que les prédications les plus touchantes n'en feront jamais pour vous le persuader. C'est avec ces paroles qu'il vous quitta, ou, pour mieux dire, qu'il s'arracha de vous.

Pour mourir en parfait chrétien, il voulut mourir par avance à ce qu'il avoit le plus tendrement aimé. C'est à vous seul, mon Dieu, qu'il voulut consacrer les derniers moments de sa vie. Pour se détacher de la chair et du sang, il vous en fit, Seigneur, un sacrifice digne de vous qui l'acceptâtes, et de lui qui vous le présenta : et, pour exécuter lui-même l'arrêt de cette douloureuse séparation à laquelle vous le prépariez, il vous immola toute la tendresse de son cœur en faisant retirer le prince son fils et la princesse sa belle-fille, dont la présence étoit encore pour lui quelque chose de si doux, et dont pour tout autre que pour vous il n'auroit pas voulu, ô mon Dieu, perdre un seul moment; et c'est alors qu'uniquement occupé de vous, et déja mort à tout le reste, il entra en esprit dans votre sanctuaire, pour n'avoir plus d'autres pensées que celles de votre justice et de votre miséricorde: *Introibo in potentias Domini, memorabor justitiæ tuæ solius* [1]. C'est alors, mes chers auditeurs, que, renonçant à tout le faste de la gloire mondaine, et se souvenant seulement qu'il étoit pécheur, il donna ces marques publiques d'un cœur contrit et humilié, que Dieu ne méprisa jamais dans le plus vil coupable, mais que je ne sais s'il n'admire point, aussi-bien que la foi du centenier, dans un héros pénitent. C'est alors qu'empruntant la voix et employant le ministère de celui qui l'assistoit, il déclara le désespoir où il étoit d'avoir par ses discours et par ses exemples mal édifié son prochain, et en particulier ses domestiques et ses amis. C'est alors qu'ajoutant au mérite de la patience le desir de la souffrance et le zèle de la pénitence, réduit à une langueur extrême, il s'affligea de ne pas souffrir assez, et souhaita, pour l'expiation de ses fautes, d'endurer

1 Ps. 70, 16.

les douleurs les plus aiguës. C'est alors que, rempli de foi, il répondit à toutes les prières de l'Église; se les faisant répéter, parcequ'il y trouvoit, disoit-il, les motifs les plus solides de son espérance, et achevant d'une voix mourante, mais qui étoit encore le souffle de cette vie divine de la grace dont Dieu l'animoit, les psaumes qu'on lui commençoit. C'est alors qu'embrassant la croix de son Dieu, et s'unissant à elle par de saints baisers, il pria celui qui alloit être son juge de n'oublier pas qu'il étoit son sauveur, lui disant ces paroles affectueuses qui justifièrent le publicain : *Deus, propitius esto mihi peccatori* [1]. C'est alors que, se livrant aux ferveurs de la charité la plus consommée, il ne fut plus touché que du seul regret d'avoir trop tard aimé son Dieu, et de la seule crainte de ne pouvoir pas l'aimer jusqu'à la fin. « Je crains, « dit-il, que mon esprit ne s'affoiblisse, et que « par-là je ne sois privé de la consolation que « j'aurois eue de mourir occupé de lui et m'unis« sant à lui. »

Mais il ne m'appartenoit pas, chrétiens, de vous faire goûter ni sentir l'onction d'une mort si pré-

1 Luc, 18, 13.

cieuse : ce don étoit réservé à une bouche plus sacrée et plus éloquente que la mienne. L'illustre et savant prélat qui vous a parlé avant moi a déja épuisé cette matière; et, après ce que vous avez ouï, c'est à moi de me taire ici, en me réduisant à cette seule parole de mon texte : *Nequaquam, ut mori solent ignavi, mortuus est.* Il est mort, mais non pas comme les mondains, à la mort desquels il ne paroît qu'impénitence, que dureté, qu'insensibilité pour Dieu, et que lâcheté. Voilà, monseigneur, ce qui devoit mettre le comble à l'éloge de notre incomparable prince, et ce qui devoit couronner sa glorieuse vie. Sans cela, tout ce qu'il a fait, et tout ce que j'ai dit de lui, seroit devant Dieu, non-seulement vanité des vanités, mais sujet de réprobation. C'est par-là que devoit finir son éloge, et c'est par-là qu'il a mérité d'être ce héros de la terre choisi de Dieu et prédestiné pour le ciel. Dieu, monseigneur, vous a donné dans sa personne l'idée de la véritable gloire : mais en vain et pour lui et pour vous seroit-il aujourd'hui l'idée de la véritable gloire selon le monde, si vous ne trouviez en lui l'idée de la véritable piété. Vous avez hérité de ses grandeurs, de ses lumières, des rares talents de son esprit, et, malgré le silence que votre modestie m'impose, de ses qualités héroïques : mais tout cela séparé de sa piété, à quoi vous conduiroit-il? comme, au contraire, tout cela sanctifié par sa piété, à quoi ne vous élevera-t-il pas? Il y a peu d'années que lui-même entendoit ici l'éloge du prince son père, et vous entendez aujourd'hui le sien. Ainsi se termine la gloire des hommes; mais celle que vous aurez d'imiter sa foi et sa religion ne se terminera jamais. Les miséricordes et les graces singulières dont Dieu l'a prévenu, voilà ce qui fait le sujet de votre confiance; voilà ce qui fait la consolation de la princesse votre digne épouse, dont ce grand homme a tant honoré la vertu, et dont je puis dire que la vertu est l'un des plus puissants motifs qui ont servi à la sanctification de ce grand homme : car jusqu'à quel point n'en a-t-il pas été touché? et qu'y avoit-il de plus propre à lui faire goûter Dieu et à lui faire aimer la religion, que la conduite édifiante, que la vie irrépréhensible, que la dévotion exemplaire, de cette princesse selon son cœur, dont la douceur le charmoit en même temps que son attachement à tous ses devoirs le persuadoit. Une vie héroïque, chrétiennement et saintement terminée, voilà ce que le jeune

16.

prince votre fils aura sans cesse devant les yeux, ce qu'il se souviendra d'avoir vu, et ce qui lui inspire déja ces nobles et généreux sentiments que nous admirons en lui. Formé et cultivé par ce héros, en pouvoit-il avoir d'autres? Voilà le modèle que tous les princes de votre maison auront éternellement à se proposer, pour être eux-mêmes des princes parfaits et des princes prédestinés.

Mais après leur avoir représenté un modèle si propre à les toucher, et si capable de les convaincre, c'est à nous, monseigneur, de rendre aujourd'hui à ce héros les devoirs de la plus juste et de la plus solennelle reconnoissance dont nous nous acquitterons jamais. Je parle ici au nom de toute une compagnie qu'il a honorée de sa protection, de sa bienveillance, oserai-je le dire? de sa confiance, de son estime, et de son amitié. Vous le savez, mes pères, et je suis sûr qu'au moment que je dis ceci, vos cœurs, aussi vivement émus que le mien, répondent par un témoignage unanime à tout ce que je pense et à tout ce que je sens. Vous savez ce que nous devons à ce grand prince, et ce que nous avons perdu en le perdant. Il étoit notre appui, notre conseil, notre consolation. Nous avions recours à lui comme à notre père; nos intérêts le touchoient, nos disgraces l'affligeoient; il prenoit part aux succès de nos ministères; sa bonté pour nous nous servoit dans le monde de défense, et nous valoit mieux que toutes les apologies. Quelle marque ne nous a-t-il pas donnée de cette bonté? Après nous avoir confié pendant sa vie ce qu'il avoit au monde de plus cher, il a voulu mourir entre nos mains, et mourant, il nous a laissé une partie de lui-même, qui est son cœur. Ce cœur plus grand que l'univers, ce cœur que toute la France auroit aujourd'hui droit de nous envier, ce cœur si solide, si droit, si digne de Dieu, il a voulu que nous le possédassions, et que nous en fussions les dépositaires. Nous le serons, grand prince, et jamais dernière volonté n'aura été ni plus respectueusement ni plus fidèlement exécutée. Autant de cœurs que nous avons, ce sont comme autant de mausolées vivants où nous placerons le vôtre. Ce bronze et ce marbre ne sont destinés que pour en conserver les cendres; mais il vivra éternellement en nous. Tandis que cette compagnie subsistera, il y sera en vénération. Jusqu'aux extrémités de la terre, on prendra part à l'engagement où nous sommes d'honorer ce cœur. Dans l'ancien monde et dans le nouveau, il y aura des cœurs pénétrés des obligations immortelles que nous avons au prince de Condé. Aidez-nous, ministre de Jésus-Christ, à remplir dans toute son étendue un si saint devoir. Pontife du Dieu vivant, prélat [1], que ce héros a distingué entre ses plus chers et ses plus confidents amis, aidez-nous à lui rendre devant Dieu le tribut solide de notre véritable gratitude; et, par le sacrifice de l'Agneau sans tache que vous allez immoler, achevez de purifier ce cœur que toute la gloire du monde n'a pu remplir, parcequ'il étoit né pour cette gloire éternelle et incorruptible que Dieu prépare à ses élus.

1 Monseigneur l'évêque d'Autun.

FIN DE L'ORAISON FUNÈBRE DE LOUIS DE BOURBON.

ORAISON FUNÈBRE

DE LOUIS-LE-GRAND,

ROI DE FRANCE;

PAR MASSILLON.

ORAISON FUNÈBRE

DE LOUIS-LE-GRAND,

ROI DE FRANCE;

Prononcée dans la Sainte-Chapelle de Paris.

Ecce magnus effectus sum, et præcessi omnes sapientiâ qui fuerunt ante me in Jerusalem... et agnovi quòd in his quoque esset labor, et afflictio spiritûs.

Je suis devenu grand; j'ai surpassé en gloire et en sagesse tous ceux qui m'ont précédé dans Jérusalem; et j'ai reconnu qu'en cela même il n'y avoit que vanité et affliction d'esprit. ECCLES. I, 16, 17.

DIEU seul est grand, mes frères, et dans ces derniers moments sur-tout où il préside à la mort des rois de la terre : plus leur gloire et leur puissance ont éclaté, plus, en s'évanouissant alors, elles rendent hommage à sa grandeur suprême : Dieu paroît tout ce qu'il est; et l'homme n'est plus rien de tout ce qu'il croyoit être.

Heureux le prince dont le cœur ne s'est point élevé au milieu de ses prospérités et de sa gloire ; qui, semblable à Salomon, n'a pas attendu que toute sa grandeur expirât avec lui au lit de la mort, pour avouer qu'elle n'étoit que vanité et affliction d'esprit ; et qui s'est humilié sous la main de Dieu, dans le temps même que l'adulation sembloit le mettre au-dessus de l'homme!

Oui, mes frères, la grandeur et les victoires du roi que nous pleurons ont été autrefois assez publiées : la magnificence des éloges a égalé celle des évènements; les hommes ont tout dit, il y a longtemps, en parlant de sa gloire. Que nous reste-t-il ici que d'en parler pour notre instruction?

Ce roi, la terreur de ses voisins, l'étonnement de l'univers, le père des rois, plus grand que tous ses ancêtres, plus magnifique que Salomon dans toute sa gloire, a reconnu, comme lui, que tout étoit vanité. Le monde a été ébloui de l'éclat qui l'environnoit; ses ennemis ont envié sa puissance; les étrangers sont venus des îles les plus éloignées baisser les yeux devant la gloire de sa majesté; ses sujets lui ont presque dressé des autels ; et le prestige qui se formoit autour de lui n'a pu le séduire lui-même.

Vous l'aviez rempli, ô mon Dieu, de la crainte de votre nom ; vous l'aviez écrit sur le livre éternel, dans la succession des saints rois qui devoient gouverner vos peuples; vous l'aviez revêtu de grandeur et de magnificence. Mais ce n'étoit pas assez ; il falloit encore qu'il fût marqué du caractère propre de vos élus : vous avez récompensé sa foi par des tribulations et par des disgraces. L'usage chrétien des prospérités peut nous donner droit au royaume des cieux ; mais il n'y a que l'affliction et la violence qui nous l'assurent.

Voyons-nous des mêmes yeux, mes frères, la vicissitude des choses humaines? Sans remonter aux siècles de nos pères, quelles leçons Dieu n'a-t-il pas données au nôtre? Nous avons vu toute la race royale presque éteinte; les princes, l'espérance et l'appui du trône, moissonnés à la fleur de leur âge; l'époux et l'épouse auguste, au milieu de leurs plus beaux jours, enfermés dans le même cercueil, et les cendres de l'enfant suivre tristement et augmenter l'appareil lugubre de leurs funérailles; le roi, qui avoit passé d'une minorité orageuse au règne le plus glorieux dont il soit parlé dans nos histoires, retomber de cette gloire dans des malheurs presque supérieurs à ses anciennes prospérités, se relever encore plus grand de toutes ces pertes, et survivre à tant d'évènements divers pour rendre gloire à Dieu, et s'affermir dans la foi des biens immuables.

Ces grands objets passent devant nos yeux comme des scènes fabuleuses : le cœur se prête pour un moment au spectacle ; l'attendrissement finit avec la représentation ; et il semble que Dieu n'opère ici-bas tant de révolutions que pour se jouer dans l'univers, et nous amuser plutôt que nous instruire.

Ajoutons donc les paroles de la foi à cette triste cérémonie, qui sans cela nous prêcheroit en vain : racontons, non les merveilles d'un règne que les hommes ont déja tant exalté, mais les merveilles de Dieu sur le roi qui nous est ôté. Rappelons ici ses vertus plutôt que ses victoires : montrons-le plus grand encore au lit de la mort qu'il ne l'étoit autrefois sur son trône, dans les jours de sa gloire. N'ôtons les louanges à la vanité que pour les rendre à la grace ; et quoiqu'il ait été grand, et par l'éclat inoui de son règne, et par les sentiments héroïques de sa piété, deux réflexions sur lesquelles va rouler ce devoir de religion que nous rendons à la mémoire de très haut, très puissant et très excellent prince, Louis XIV du nom, roi de France et de Navarre, ne parlons de la gloire et de la grandeur de son règne, que pour en montrer les écueils et le néant qu'il a connu; et de sa piété, que pour en proposer et immortaliser les exemples.

PREMIÈRE PARTIE.

Tout ce qui fait la grandeur des rois sur la terre en fait aussi le danger. Les succès éclatants dans la guerre, la magnificence dans la paix, l'élévation des sentiments, et la majesté dans la personne; voilà tout ce que la vanité peut faire souhaiter aux souverains, et voilà aussi tout ce que la foi doit leur faire craindre.

Le roi, pour qui nous prions, passa, pour ainsi dire, du berceau sur le trône; il ne jouit point des avantages de la vie privée, toujours utile au souverain, parcequ'elle lui apprend à connoître les hommes, et que les hommes lui apprennent à se connoître lui-même.

Mais Dieu, qui veille à l'enfance des rois, et qui en formant leurs premières inclinations semble former les destinées publiques, versa de bonne heure dans son ame ces grandes qualités qui suppléent aux instructions, et que l'instruction toute seule ne donne pas toujours.

Les troubles d'une longue minorité étant calmés par les soins d'une régente vertueuse et d'un ministre habile, Louis, au sortir de ces nuages, commence à se montrer à ses peuples. La jeunesse, toujours plus aimable, ce semble, dans les princes; cet air grand et auguste, qui tout seul annonçoit le souverain; la tendresse perpétuelle de la nation pour ses rois, tout le rendit maître des cœurs; et c'est alors qu'un prince est véritablement roi, quand l'amour des peuples, si j'ose parler ainsi, le proclame.

La France reprenoit alors cet état florissant qu'un nouveau règne semble toujours promettre aux empires. Les dissentions civiles l'avoient plus aguerrie et purgée de mauvais citoyens qu'épuisée. Les grands, réunis au pied du trône, ne pensoient plus qu'à le soutenir. Les guerres étrangères, et qui n'étoient encore que de nation à nation, occupoient la valeur de ses sujets, sans accabler ses peuples. Heureuse si elle n'eût pas connu depuis toute sa puissance, et si, en ignorant combien il lui étoit aisé de conquérir, elle n'eût pas senti dans la suite tout ce qu'elle pouvoit perdre!

Le mariage de l'infante d'Espagne avec Louis venoit de suspendre les anciennes jalousies que le voisinage, la valeur, la puissance, formoient entre les deux nations. Les Pyrénées, qui les avoient vues tant de fois se disputer la victoire, les virent mener en triomphe sur les mêmes lieux les gages augustes de la paix. Le lit nuptial fut, pour ainsi dire, dressé sur le champ fameux de tant de batailles. On y célébroit, sans le savoir, la naissance future d'un souverain que ce mariage devoit un jour donner à l'Espagne : mais ce grand jour qui enfanta depuis la réunion des deux empires ne put encore réunir les cœurs.

La régente ne survécut pas long-temps à la joie d'une cérémonie qui fut le fruit de sa sagesse, l'objet fixe de ses desirs, et qui couronna sa glorieuse administration. Le grand ministre qui l'avoit aidée à soutenir le poids des affaires, et qui avoit su sauver la France, malgré la France conjurée contre lui, avoit vu peu auparavant expirer avec lui une autorité que la France ne souffrit jamais sans jalousie entre les mains d'un étranger, mais que les orages avoient affermie.

Louis se trouva seul, jeune, paisible, absolu, puissant, à la tête d'une nation belliqueuse; maître du cœur de ses sujets et du plus florissant royaume du monde; avide de gloire, environné de vieux chefs dont les exploits passés sembloient lui reprocher le repos où il les laissoit encore. Qu'il est difficile, quand on peut tout, de se défier qu'on peut aussi trop entreprendre!

Les succès justifient bientôt nos entreprises. La Flandre est d'abord revendiquée comme le patrimoine de Thérèse; et tandis que les manifestes éclaircissent notre droit, nos victoires le décident.

La Hollande, ce boulevart que nous avions élevé nous-mêmes contre l'Espagne, tombe sous nos coups: ses villes, devant lesquelles l'intrépidité espagnole avoit tant de fois échoué, n'ont plus de murs à l'épreuve de la bravoure françoise; et Louis est sur le point de renverser en une campagne l'ouvrage lent et pénible de la valeur et de la politique d'un siècle entier.

Déja le feu de la guerre s'allume dans toute l'Europe: le nombre de nos victoires augmente celui de nos ennemis; et plus nos ennemis augmentent, plus nos victoires se multiplient. L'Escaut, le Rhin, le Pô, le Ther, n'opposent qu'une foible digue à la rapidité de nos conquêtes. Toute l'Europe se ligue, et ses forces réunies ne servent qu'à montrer la supériorité des nôtres. Les mauvais succès irritent nos ennemis sans les désarmer; leurs défaites, qui doivent finir la guerre, l'éternisent: tant de sang déja répandu nourrit les haines, loin de les éteindre. Les traités de paix ne sont que comme l'appareil d'une nouvelle guerre: Munster, Nimègue, Riswick, où toute la sagesse de l'Europe assemblée promettoit de si beaux jours, ne forment que des éclairs qui annoncent de nouveaux orages. Les situations changent, et nos prospérités continuent. La monarchie n'avoit pas encore vu des jours si brillants: elle s'étoit relevée autrefois de ses malheurs; elle a pensé périr et écrouler sous le poids de sa propre gloire.

La terre toute seule ne sembloit pas même suffire à nos triomphes; la mer encore gémissoit sous le nombre et sous la grandeur énorme de nos navires. Nos flottes, qui suffisoient à peine sous les derniers règnes pour mettre nos côtes à couvert de l'insulte des pirates, portoient par-tout au loin la terreur et la victoire. Les ennemis, attaqués jusque dans leurs ports, avoient paru céder à l'étendard de la France l'empire des deux mers. La

Sicile, la Manche, les îles du Nouveau-Monde, avoient vu leurs ondes rougies par les défaites les plus sanglantes; et l'Afrique même, encore fière d'avoir vu autrefois échouer sur ses côtes la valeur de saint Louis et toute la puissance de Charles-Quint, ne trouvant plus d'asile sous ses remparts foudroyés, avoit été obligée de venir s'humilier et d'en chercher un au pied du trône de Louis.

Nous nous élevions de tant de prospérités, et nous ne savions pas que l'orgueil des empires est toujours le premier signal de leur décadence.

Telle fut la grandeur de Louis dans la guerre. Jamais la France n'avoit mis sur pied des armées si formidables; jamais l'art militaire, c'est-à-dire l'art funeste d'apprendre aux hommes à s'exterminer les uns les autres, n'avoit été poussé si loin; jamais tant de généraux fameux, et, pour ne parler que de ces premiers temps, un Condé, dont le premier coup-d'œil décidoit toujours de la victoire; un Turenne, qui, plus tardif en apparence, n'en étoit que plus sûr du succès; un Créqui, plus grand le jour de sa défaite que dans les jours de ses triomphes; un Luxembourg, qui sembloit se jouer de la victoire; et tant d'autres venus depuis, que nos annales mettront un jour parmi les Guesclin et les Dunois de notre siècle.

Mais, hélas ! triste souvenir de nos victoires, que nous rappelez-vous ? Monuments superbes élevés au milieu de nos places publiques pour en immortaliser la mémoire, que rappellerez-vous à nos neveux lorsqu'ils vous demanderont, comme autrefois les Israélites, ce que signifient vos masses pompeuses et énormes? *Quando interrogaverint vos filii vestri, dicentes: Quid sibi volunt isti lapides*[1]? Vous leur rappellerez un siècle entier d'horreur et de carnage; l'élite de la noblesse françoise précipitée dans le tombeau; tant de maisons anciennes éteintes; tant de mères point consolées, qui pleurent encore sur leurs enfants; nos campagnes désertes, et, au lieu des trésors qu'elles renferment dans leur sein, n'offrant plus que des ronces au petit nombre des laboureurs forcés de les négliger; nos villes désolées; nos peuples épuisés; les arts à la fin sans émulation; le commerce languissant : vous leur rappellerez nos pertes plutôt que nos conquêtes : *Quando interrogaverint vos filii vestri, dicentes : Quid sibi volunt isti lapi-*

1 Jos. 4, 6.

des ? Vous leur rappellerez tant de lieux saints profanés ; tant de dissolutions capables d'attirer la colère du ciel sur les plus justes entreprises ; le feu, le sang, le blasphème, l'abomination, et toutes les horreurs qu'enfante la guerre : vous leur rappellerez nos crimes plutôt que nos victoires : *Quando interrogaverint vos filii vestri, dicentes : Quid sibi volunt isti lapides ?*

O fléau de Dieu ! ô guerre ! cesserez-vous enfin de ravager l'héritage de Jésus-Christ ? O glaive du Seigneur, levé depuis long-temps sur les peuples et sur les nations, ne vous reposerez-vous pas encore ? *O mucro Domini, usquequo non quiesces* [1] ? Vos vengeances, ô mon Dieu, ne sont-elles pas encore accomplies ? n'aurez-vous encore donné qu'une fausse paix à la terre ? L'innocence de l'auguste enfant que vous venez d'établir sur la nation ne désarme-t-elle pas votre bras, plus que nos iniquités ne l'irritent ? Regardez-le du haut du ciel, et n'exercez plus sur nous des châtiments qui n'ont servi jusqu'ici qu'à multiplier nos crimes : *O mucro Domini, usquequo non quiesces ? Ingredere in vaginam tuam, refrigerare, et sile.*

1 JEREM. 47, 6.

Un si long cours de prospérités inouies, qui devoit un jour nous coûter si cher, éleva bientôt le royaume à un point de gloire et de magnificence, où les siècles passés ne l'avoient pas encore vu. La France devint comme le spectacle pompeux de toute l'Europe. Que de maisons royales s'élevèrent, demeures superbes de Louis, où toutes les merveilles de l'Asie et de l'Italie rassemblées sembloient venir rendre hommage à sa grandeur! Paris, comme Rome triomphante, s'embellissoit des dépouilles des nations. La cour, à l'exemple du souverain, plus brillante et plus magnifique que jamais, se piqua d'effacer l'éclat des cours étrangères. La ville, l'imitatrice éternelle de la cour, en copia le faste. Les provinces à l'envi marchèrent de loin sur les traces de la ville. La simplicité des anciennes mœurs changea : il ne resta plus de vestiges de la modestie de nos pères que dans leurs vieux et respectables portraits, qui, en ornant les murs de nos palais, nous en reprochoient tout bas la magnificence. Le luxe, toujours le précurseur de l'indigence, en corrompant les mœurs, tarit la source de nos biens; la misère même, qu'il avoit enfantée, ne put le modérer. La perpétuelle inconstance des ornements fut un des attributs de la nation; la bizarrerie devint un goût. Nos voisins mêmes, à qui notre faste nous rendoit si odieux, ne laissèrent pas d'en venir chercher chez nous le modèle; et, après les avoir épuisés par nos victoires, nous sûmes encore les corrompre par nos exemples.

Cependant chaque jour embellissoit le règne de Louis. La navigation, plus florissante que sous tous les règnes précédents, étendit notre commerce dans toutes les parties du monde connu. Des hommes habiles furent envoyés vers les côtes les plus éloignées de l'un et de l'autre hémisphère, pour prendre des points fixes et en perfectionner les connoissances. Un édifice célèbre [1] s'éleva hors de nos murs, où, en observant le cours des astres et toute la magnificence des cieux, on marque au pilote des routes certaines sur la vaste étendue de l'océan, et on apprend au philosophe à s'humilier sous la majesté immense de l'auteur de l'univers. Nos flottes, aidées de ces secours, nous apportoient tous les ans, comme celles de Salomon, les richesses du Nouveau-Monde. Hélas! ces nations insulaires et simples nous envoyoient leur

1 L'Observatoire.

or et leur argent, et nous leur portions peut-être en échange, au lieu de la foi, nos dérèglements et nos vices.

Le commerce, si étendu au-dehors, fut facilité au-dedans par des ouvrages dignes de la grandeur des Romains. Des rivières, malgré les terres et les collines qui les séparoient, virent réunir leurs eaux, et porter au pied des murs de la capitale le tribut et les richesses diverses de chaque province. Les deux mers qui entourent et qui enrichissent ce vaste royaume se donnèrent, pour ainsi dire, la main; et un canal, miraculeux par la hardiesse et les travaux incompréhensibles de l'entreprise, rapprocha ce que la nature avoit séparé par des espaces immenses.

Il étoit réservé à Louis d'achever ce que les siècles précédents de la monarchie n'auroient même osé souhaiter; c'étoit le règne des prodiges : nos pères ne les avoient pas même imaginés, et nos neveux n'en verront jamais de semblables; mais, plus heureux que nous, ils verront peut-être le règne de la paix, de la frugalité, et de l'innocence. Qu'ils n'arrivent jamais au comble frivole de notre gloire, plutôt que de l'acheter au prix des vices et des malheurs où elle nous a précipités!

Il est vrai que les soins de Louis pour augmenter l'éclat et le bon ordre du royaume ne se proposoient point de bornes. La ville régnante, l'abord de toutes les nations, et qui rassemble le choix comme le rebut de nos provinces, vit ce nombre prodigieux d'habitants si différents de mœurs, d'intérêts, de pays, vivre comme un seul homme. La police y ôta au crime la sûreté que la confusion et la multitude lui avoient jusque-là donnée. Au milieu de ce chaos régnèrent l'ordre et la paix; et, dans ce concours innombrable d'hommes si inconnus les uns aux autres, nul presque ne fut inconnu à la vigilance du magistrat.

Le royaume entier changea de face comme la capitale : la justice eut des lois fixes, et le bon droit ne dépendit plus ou du caprice du juge ou du crédit de la partie; des règlements utiles, et qui deviendront la jurisprudence de tous les règnes à venir, furent publiés; l'étude du droit françois e du droit public se ranima; des sénateurs célèbres, et dont les noms formeront un jour la tradition des grands hommes qui embelliront l'histoire de la magistrature, ornèrent nos tribunaux; l'éloquence et la science des lois et des maximes brillèren dans le barreau; et la tribune du sénat prin devint aussi célèbre par la majesté des plaidoyers publics, que l'avoit été, sous les Hortense et sous les Cicéron, celle de Rome.

A quel point de perfection les sciences et les arts ne furent-ils pas portés? Vous en serez les monuments éternels, écoles fameuses rassemblées autour du trône, et qui en assurez plus l'éclat et la majesté que les soixante vaillants qui environnoient le trône de Salomon [1]! L'émulation y forma le goût; les récompenses augmentèrent l'émulation; le mérite, qui se multiplioit, multiplia les récompenses.

Quels hommes et quels ouvrages vois-je sortir à-la-fois de ces assemblées savantes! des Phidias, des Apelles, des Platons, des Sophocles, des Plautes, des Démosthènes, des Horaces; des hommes et des ouvrages au goût desquels le goût des âges futurs de la monarchie se rappellera toujours. Je vois revivre le siècle d'Auguste, et les temps les plus polis et les plus cultivés de la Grèce. Il falloit que tout fût marqué au coin de l'immortalité sous le règne de Louis, et que les époques des

1 Cant. 3, 7.

lettres y fussent aussi célèbres que celles des victoires.

La France a retenti long-temps de ces pompeux éloges, et nous nous sommes comme rassasiés là-dessus de nos propres louanges. Mais, le dirai-je ici? en ajoutant à la science, nous avons ajouté au travail et à la malice; les arts, en flattant la curiosité, ont enfanté la mollesse; le théâtre, plus florissant, mais toujours le triste fruit de l'abondance, de l'oisiveté et de la corruption, ou a donné du ridicule au vice sans corriger les mœurs, ou a corrompu les mœurs en rendant le vice plus aimable; la poésie, en nous rappelant tout le sel et tous les agréments des anciens, nous en a rappelé les séductions et la licence; la philosophie a paru perdre du côté de la simplicité de la foi ce qu'elle acquéroit de plus sur les connoissances de la nature; l'éloquence, toujours flatteuse dans les monarchies, s'est affadie par des adulations dangereuses aux meilleurs princes; enfin la science même de la religion, plus exacte et plus approfondie, et d'où devoient naître la paix et la vérité, a dégénéré en vaines subtilités et éternisé les disputes. O siècle si vanté! « votre ignominie s'est donc

« multipliée avec votre gloire [1] ! » Mais la gloire appartenoit à Louis, et l'abus qu'on en a fait a été notre seul ouvrage. Ainsi éclatoient au loin la grandeur et la réputation de la France, tandis qu'au-dedans elle s'affoiblissoit par ses propres avantages.

Je ne rappelle ici qu'une partie des merveilles dont vous avez été témoins. Tout ce qui fait la grandeur des empires se trouvoit réuni autour de Louis : des ministres sages et habiles, ressource des peuples et des rois ; nos frontières reculées, et qui sembloient éloigner de nous la guerre pour toujours ; des forteresses inaccessibles élevées de toutes parts, et qui paroissoient plus destinées à menacer les états voisins qu'à mettre nos états à couvert ; l'Espagne forcée de nous céder, par un acte solennel, la préséance qu'elle nous avoit jusque-là disputée ; Rome même désavouer, par un monument public, le droit des gens violé, et l'outrage fait à une couronne de qui elle tient sa splendeur et la vaste étendue de son patrimoine ; enfin le souverain lui-même d'une république florissante descendre de son trône, d'où ses prédécesseurs n'é-

1 Osée, 4, 7.

toient pas encore descendus, quitter ses citoyens et sa patrie, et venir mettre les marques fastueuses de sa dignité aux pieds de Louis pour fléchir sa clémence.

Grands évènements qui nous attiroient la jalousie bien plus que l'admiration de l'Europe! et des évènements qui font tant de jaloux peuvent bien embellir l'histoire d'un règne; mais ils n'assurent jamais le bonheur d'un état. Que manquoit-il dans ces temps heureux à la gloire de Louis? Arbitre de la paix et de la guerre; maître de l'Europe; formant presque avec la même autorité les décisions des cours étrangères que celles de ses propres conseils; trouvant dans l'amour de ses sujets des ressources qui, en tarissant leurs biens, ne pouvoient épuiser leur zèle; conservant sur les princes issus de son sang, signalés par mille victoires, un pouvoir aussi absolu que sur le reste de ses sujets; voyant autour de son trône les enfants de ses enfants; le père d'une nombreuse postérité; le patriarche, pour ainsi dire, de la famille royale, et élevant tout à-la-fois sous ses yeux les successeurs des trois règnes suivants. Jamais la succession royale n'avoit paru plus affermie: nous voyions croître au pied du trône les rois de nos enfants et de nos neveux. Hélas ! à peine en reste-t-il un pour nous-mêmes; et il n'est demeuré qu'une étincelle dans Israël. Mais ne hâtons pas ces tristes images, que la constance de Louis doit nous ramener dans la suite de ce discours.

Que ces jours de deuil paroissoient loin de nous en ce jour brillant où nous donnions des rois à nos voisins, et où l'Espagne même, qui avoit ébranlé tant de fois l'empire françois, et qui depuis si longtemps usurpoit une de nos couronnes, vint mettre toutes les siennes sur la tête d'un des petits-fils de Louis !

Ce fut ce grand jour qu'il parut comme un nouveau Charlemagne, établissant ses enfants souverains dans l'Europe; voyant son trône environné de rois sortis de son sang; réunissant encore une fois, sous la race auguste des Francs, les peuples et les nations; faisant mouvoir, du fond de son palais, les ressorts de tant de royaumes; et devenu le centre et le lien de deux vastes monarchies, dont les intérêts avoient semblé jusque-là aussi incompatibles que les humeurs.

Jour mémorable! il est vrai, vous ne serez écrit sur nos fastes qu'avec le sang de tant de François que vous avez fait verser : les malheurs que vous prépariez nous ont rendu cette gloire triste et amère; vos dons éclatants, en flattant notre vanité, ont humilié et pensé renverser notre puissance. L'Espagne ennemie n'avoit pu nous nuire; l'Espagne alliée nous a accablés : nos disgraces seront éternellement gravées autour de la couronne qu'elle a mise sur la tête d'un de nos princes. Mais si la Castille a vu notre joie modérée par nos pertes, elle ne verra jamais notre estime pour sa valeur et sa fidélité, et notre reconnoissance pour son choix, affoiblies.

J'avoue, mes frères, que la gloire des événements qui embellit un règne est souvent étrangère au souverain : les rois ne sont grands que par les vertus qui leur sont propres; leurs succès les plus éclatants peuvent ne couvrir que des qualités fort obscures, et prouver qu'ils sont bien servis, plutôt que dignes de commander.

Mais ici nous ne craignons pas de dépouiller Louis de tout cet éclat qui l'environnoit, et de vous le montrer lui-même. Quelle sagesse! et quel usage des affaires! L'Europe redoutoit la supériorité de ses conseils autant que celle de ses armes : ses ministres étudioient sous lui l'art de gouverner; sa longue expérience mûrissoit leur jeunesse, et assuroit leurs lumières : les négociations, conduites par l'habileté, réussissoient toujours par le secret. Quel bonheur la réputation seule du gouvernement ne promettoit-elle pas à la France, si nous eussions su nous contenter de la gloire de la sagesse! Tous les rois voisins, qui en naissant avoient trouvé Louis déja vieilli sur le trône, se fussent regardés comme les enfants et les pupilles d'un si grand roi : il n'eût pas été leur vainqueur; « mais il étoit assez « grand pour mépriser les triomphes [1]; » et il eût été leur tuteur et leur père.

De ce fonds de sagesse sortoit la majesté répandue sur sa personne : la vie la plus privée ne le vit jamais un moment oublier la gravité et les bienséances de la dignité royale : jamais roi ne sut mieux que lui soutenir le caractère majestueux de la souveraineté. Quelle grandeur quand les ministres des rois venoient au pied de son trône! Quelle précision dans ses paroles! quelle majesté dans ses réponses! Nous les recueillions comme les maximes de la sagesse; jaloux que son silence nous dérobât trop souvent des trésors qui étoient à nous, et,

[1] Jam Cæsar tantus erat, ut posset triumphos contemnere. Flor.

s'il m'est permis de le dire, qu'il ménageât trop ses paroles à des sujets qui lui prodiguoient leur sang et leur tendresse.

Cependant, vous le savez, cette majesté n'avoit rien de farouche : un abord charmant, quand il vouloit se laisser approcher; un art d'assaisonner les graces qui touchoit plus que les graces mêmes; une politesse de discours qui trouvoit toujours à placer ce qu'on aimoit le plus à entendre. Nous en sortions transportés, et nous regrettions des moments que sa solitude et ses occupations rendoient tous les jours plus rares. Nation fidèle, nous aimons de tout temps à voir nos rois; et les rois gagnent toujours à se montrer à une nation qui les aime.

Et quel roi y auroit plus gagné que Louis? Vous pouvez le dire ici à ma place, anciens et illustres sujets occupés autour de sa personne. Au milieu de vous, ce n'étoit plus ce grand roi, la terreur de l'Europe, et dont nos yeux pouvoient à peine soutenir la majesté; c'étoit un maître humain, facile, bienfaisant, affable : l'éclat qui l'environnoit le déroboit à nos regards; nous ne voyions que sa gloire, et vous voyiez toutes ses vertus.

Un fonds d'honneur, de droiture, de probité,

de vérité; qualités si essentielles aux rois, et si rares pourtant même parmi les autres hommes: un ami fidèle: un époux, malgré les foiblesses qui partagèrent son cœur, toujours respectueux pour la vertu de Thérèse; condamnant, pour ainsi dire, par ses égards pour elle, l'injustice de ses engagements, et renouant par l'estime un lien affoibli par les passions; un père tendre, plus grand dans cette histoire domestique, qui ne passera peut-être point à nos neveux, que dans les évènements éclatants de son règne, que les histoires publiques conserveront à la postérité.

Mais ces vertus humaines, que sont-elles devant Dieu, quand la piété ne les a pas sanctifiées? Hélas! le vain sujet souvent des louanges des hommes et des vengeances du Seigneur. Mais cette gloire si célébrée, et qui a fait tant de jaloux ou de flatteurs, à quoi mène-t-elle pour l'éternité, si l'on ne l'a pas rendue à celui à qui seul la gloire est due? A un jugement plus rigoureux, et par l'ambition qui toujours y conduit, et par l'orgueil qu'elle inspire. Destinée terrible, et toujours à craindre pour les plus grands rois sur-tout, vous n'augmenterez pas le deuil de nos prières, et vous ne troublerez pas la paix des offrandes saintes qui reposent sur l'autel, et qui vont solliciter, pour Louis, le père des miséricordes!

Il connut le néant de la gloire humaine : *Et agnovit quod in his quoque esset labor, et afflictio spiritus;* et il fut encore plus grand par une foi humble et par une piété sincère que par l'éclat de sa puissance et de ses victoires.

SECONDE PARTIE.

L'ONCTION sainte répandue sur les rois consacre leur caractère, et ne sanctifie pas toujours leur personne : l'étendue de leurs devoirs répond à celle de leur puissance; le sceptre est plutôt le titre de leurs soins et de leur servitude que de leur autorité; ils ne sont rois que pour être les pères et les pasteurs des peuples : ils ne sont pas nés pour eux seuls; et les vertus privées, qui assurent le salut du sujet toutes seules, se tourneroient en vices pour le souverain.

C'est à la sublimité de ces idées primitives que l'Écriture rappelle l'éloge d'un des plus saints rois de Juda. Il conserva son cœur fidèle à Dieu : *Gu-*

bernavit ad Dominum cor ipsius [1]; c'est le devoir essentiel de l'homme. Il renversa les abominations de l'impiété et tous les monuments de l'erreur : *Tulit abominationes impietatis;* c'est le zèle du souverain. Il affermit la piété dans les jours de péché et de malice, en l'honorant de ses faveurs et de sa confiance : *In diebus peccatorum corroboravit pietatem;* et c'est l'exemple que doit à ses sujets celui qui en est le pasteur et le père.

Louis porta en naissant un fonds de religion et de crainte de Dieu, que les égarements même de l'âge ne purent jamais effacer. Le sang de saint Louis et de tant de rois chrétiens, qui couloit dans ses veines; le souvenir encore tout récent d'un père juste; les exemples d'une mère pieuse; les instructions du prélat irrépréhensible qui présidoit à son éducation; d'heureuses inclinations, encore plus sûres que les instructions et les exemples, tout paroissoit le destiner à la vertu comme au trône.

Mais, hélas! qu'est-ce que la jeunesse des rois? Une saison périlleuse, où les passions commencent à jouir de la même autorité que le souverain, et

1 Eccli. 49, 3, 4.

à monter avec lui sur le trône. Et que pouvoit attendre Louis, sur-tout dans ce premier âge? L'homme le mieux fait de sa cour; tout brillant d'agréments et de gloire; maître de tout vouloir, et ne voulant rien en vain; voyant naître tous les jours sous ses pas des plaisirs nouveaux qui attendoient à peine ses desirs; ne rencontrant autour de lui que des regards toujours trop instruits à plaire, et qui paroissoient tous réunis et conjurés pour plaire à lui seul; environné d'apologistes des passions, qui souffloient encore le feu de la volupté, et qui cherchoient à effacer ses premières impressions de vertu, en donnant des titres d'honneur à la licence; au milieu d'une cour polie, où la mollesse et le plaisir ont trouvé de tout temps le secret de s'allier, et même d'aller de pair avec la valeur et le courage; et enfin dans un siècle où le sexe, peu content d'oublier sa propre pudeur, semble même défier ce qui peut en rester encore dans ceux à qui il veut plaire.

Et cependant de l'exemple du prince quel déluge de maux dans le peuple! Ses mœurs forment bientôt les mœurs publiques: l'imitation, toujours sûre de plaire et d'attirer des graces, réconcilie l'ambition avec la volupté; les plaisirs, d'ordinaire gênés par les vues de la fortune, en facilitent les avénues et en deviennent la plus sûre route; des écrivains profanes vendent leur plume à l'iniquité, et chantent des passions que le respect tout seul auroit dû ensevelir dans un éternel silence; de nouveaux spectacles s'élèvent pour en faire des leçons publiques: tout devient la passion du souverain.

O rois des peuples, dit l'esprit de Dieu [1], vous qui, assis sur votre trône, voyez avec tant de complaisance à vos pieds la multitude des nations, c'est à vous que j'adresse ces paroles: *Ad vos, ô reges, sunt hi sermones mei.* Souvenez-vous que la puissance vous a été donnée d'en-haut, que l'usage en doit être saint, comme l'origine en est sainte; qu'un jugement très dur est préparé à ceux qui sont établis pour commander aux autres, et qu'à l'étendue de l'autorité l'abondance du châtiment est presque toujours réservée.

Mais ici les miséricordes éternelles préparées à Louis commencent à se manifester. Dieu le prépare de loin à la vertu, en armant les premiers traits de son autorité contre les vices. L'usage barbare

1 Sap. 6, 3, 4, 5, 10.

des duels, ancien reste de la férocité de nos premiers conquérants, que la religion et la politesse qu'elle met dans les mœurs n'avoient pu depuis modérer, que tant de rois avoient vainement condamné, et qui avoit coûté tant de sang à la nation, fut aboli; et Louis consacra le commencement de son règne par une action qui assure le repos et la tranquillité de tous les règnes à venir.

Oui, mes frères, dans le temps même que Louis paroissoit encore loin du Seigneur, le Seigneur étoit déja près de lui: les passions mêmes qui blessent son cœur respectent sa foi. Quelle horreur pour ce genre d'hommes qui ne goûtent qu'à demi le plaisir s'il n'est assaisonné d'impiété, et qui paroissent ne se souvenir de Dieu que pour le mettre dans leurs affreuses débauches! L'impie étoit proscrit dès-là qu'il étoit connu: la naissance et les services, loin d'assurer l'impunité à l'irréligion, en rendoient le châtiment plus éclatant; les agréments mêmes de l'esprit, séduction dont on a tant de peine à se défendre, n'en avoient plus pour lui, dès qu'il y voyoit luire une étincelle d'incrédulité. Il ne connoissoit point de mérite dans l'homme qui ne connoît point de Dieu; et l'impie, qui dit anathème au ciel, devenoit à l'instant pour lui l'anathème de la terre.

Ainsi se préparoit l'ouvrage de la sanctification de Louis. Mais sortons de ces temps de ténèbres, si inévitables aux rois et si ordinaires aux autres hommes; périssent, et soient à jamais effacés de notre souvenir, ces jours qu'il a effacés par ses larmes et par sa piété, et que le Seigneur a sans doute oubliés! Les premières années de la jeunesse des souverains, comme les commencements de leur naissance, se ressemblent presque toutes : *Nemo enim ex regibus habuit aliud nativitatis initium* [1]. Mais si Louis les a suivis dans les premières voies des passions, où sont les rois qui aient marché depuis avec autant de grandeur et de fidélité que lui dans les voies de la grace? Où sont même ceux de ses sujets qui vivoient sous ses yeux, et que leur rang approchoit du trône? Hélas! imitateurs la plupart, pour ne pas dire coupables adulateurs de ses foiblesses, ils ont peut-être fini par censurer sa vertu.

Et quelle vertu! uniforme, tendre, constante. On ne vit point en lui de ces inégalités de piété si inséparables de l'inconstance des hommes, que l'uniformité toute seule lasse, que l'ennui du vice

1 Sap. 7, 5.

attire souvent tout seul à la nouveauté de la vertu, pour qui l'usage de la vertu redevient bientôt un nouvel attrait favorable au vice, et qui, en repassant sans cesse du vice à la vertu, cherchent plus à soulager leur inconstance qu'à fixer leur infidélité.

Dès la première démarche que Louis eut faite dans la voie de Dieu, il y marcha toujours d'un pas égal et majestueux. Un jour instruisoit l'autre jour, et une nuit donnoit des leçons semblables à l'autre nuit. L'histoire de sa piété est l'histoire d'une de ses journées; et hors les évènements inattendus, qui montroient en lui de nouvelles vertus, la vertu du premier jour fut celle du reste de sa vie.

Soins immenses du gouvernement, dont il portoit presque tout seul le poids, vous n'interrompîtes jamais l'exactitude de ses devoirs religieux: jamais la vie de la cour, toujours inégale, parce-qu'elle est oiseuse, ne dérangea la respectable uniformité de sa conduite; et dans un lieu où le caprice et le loisir sont si ingénieux à varier les jours et les moments, Louis seul étoit le point fixe où tous les jours et tous les moments se trouvoient les mêmes: vertu rare, dans les princes sur-tout, que rien ne contraint, et en qui l'inconstance de l'imagination est sans cesse réveillée par le choix et la multiplicité des ressources.

La piété et la bonne foi des dispositions répondoient à l'exactitude des devoirs. Quelle profonde religion au pied des autels! Avec quel respect venoit-il courber devant la gloire du sanctuaire cette tête qui portoit, pour ainsi dire, l'univers, et que l'âge, la majesté, les victoires, rendoient encore moins auguste que la piété! Quelle terreur en approchant des mystères saints, et de cette viande céleste qui fait les délices des rois! Quelle attention à la parole de vie! et malgré les dégoûts et les censures d'une cour éclairée et difficile, quel respect pour la sainte liberté du ministère et pour les défauts même du ministre! « Il nous en a dit « assez pour nous corriger, » répondoit-il à ceux de sa cour qui paroissoient mécontents de l'instruction. Quelle tendresse de conscience! quelle horreur pour les plus légères transgressions! Tout le bien qui lui fut montré, il l'aima; et s'il n'accomplit pas toute justice, c'est qu'elle ne lui fut pas toute connue. C'est la destinée des meilleurs rois; c'est le malheur du rang, plutôt que le vice de la personne.

Mais l'épreuve la moins équivoque d'une vertu solide, c'est l'adversité. Et quels coups, ô mon Dieu, ne prépariez-vous pas à sa constance? Ce grand roi, que la victoire avoit suivi dès le berceau, et qui comptoit ses prospérités par les jours de son règne; ce roi, dont les entreprises toutes seules annonçoient toujours le succès, et qui, jusque-là, n'ayant jamais trouvé d'obstacle, n'avoit eu qu'à se défier de ses propres desirs; ce roi, dont tant d'éloges et de trophées publics avoient immortalisé les conquêtes, et qui n'avoit jamais eu à craindre que les écueils qui naissent du sein même de la louange et de la gloire; ce roi, si long-temps maître des évènements, les voit, par une révolution subite, tous tournés contre lui. Les ennemis prennent notre place; ils n'ont qu'à se montrer, la victoire se montre avec eux; leurs propres succès les étonnent; la valeur de nos troupes a semblé passer dans leur camp; le nombre prodigieux de nos armées en facilite la déroute; la diversité des lieux ne fait que diversifier nos malheurs; tant de champs fameux de nos victoires sont surpris de servir de théâtre à nos défaites; le peuple est consterné; la capitale est menacée; la misère et la mortalité semblent se joindre aux ennemis; tous les maux paroissent réunis sur nous: et Dieu, qui nous en préparoit les ressources, ne nous les montroit pas encore; Denain et Landrecies étoient encore cachés dans les conseils éternels. Cependant notre cause étoit juste; mais l'avoit-elle toujours été? et que sais-je si nos dernières défaites n'expioient pas l'équité douteuse ou l'orgueil inévitable de nos anciennes victoires?

Louis le reconnut; il le dit: « J'avois autrefois « entrepris la guerre légèrement, et Dieu avoit « semblé me favoriser: je la fais pour soutenir les « droits légitimes de mon petit-fils à la couronne « d'Espagne, et il m'abandonne; il me préparoit « cette punition que j'ai méritée. » Il s'humilia sous la main qui s'appesantissoit sur lui; sa foi ôta même à ses malheurs la nouvelle amertume que le long usage des prospérités leur donne toujours: sa grande ame ne parut point émue; au milieu de la tristesse et de l'abattement de la cour, la sérénité seule de son auguste front rassuroit les frayeurs publiques. Il regarda les châtiments du ciel comme la peine de l'abus qu'il avoit fait de ses faveurs passées; il répara par la plénitude de sa soumission ce qui pouvoit avoir manqué autrefois à sa reconnoissance. Il s'étoit peut-être attribué la gloire des évènements; Dieu la lui ôte, pour lui donner celle de la soumission et de la constance.

Mais le temps des épreuves n'est pas encore fini. Vous l'avez frappé dans son peuple, ô mon Dieu, comme David; vous le frappez encore comme lui dans ses enfants : il vous avoit sacrifié sa gloire, et vous voulez encore le sacrifice de sa tendresse.

Que vois-je ici? et quel spectacle attendrissant même pour nos neveux, quand ils en liront l'histoire! Dieu répand la désolation et la mort sur toute la maison royale. Que de têtes augustes frappées! que d'appuis du trône renversés! Le jugement commence par le premier-né : sa bonté nous promettoit des jours heureux, et nous répandîmes ici nos prières et nos larmes sur ses cendres chères et augustes. Mais il nous restoit encore de quoi nous consoler. Elles n'étoient pas encore essuyées nos larmes; et une princesse aimable [1], qui délassoit Louis des soins de la royauté, est enlevée dans la plus belle saison de son âge aux charmes de la vie, à l'espérance d'une couronne, et à la tendresse des peuples, qu'elle commençoit à regarder et à aimer comme ses sujets. Vos vengeances, ô mon Dieu,

1 Mort d'Adélaïde de Savoie.

se préparent encore de nouvelles victimes; ses derniers soupirs soufflent la douleur et la mort dans le cœur de son royal époux [1]. Les cendres du jeune prince se hâtent de s'unir à celles de son épouse; il ne lui survit que les moments rapides qu'il faut pour sentir qu'il l'a perdue; et nous perdons avec lui les espérances de sagesse et de piété, qui devoient faire revivre le règne des meilleurs rois et les anciens jours de paix et d'innocence.

Arrêtez, grand Dieu : montrerez-vous encore votre colère et votre puissance contre l'enfant qui vient de naître? Voulez-vous tarir la source de la race royale? et le sang de Charlemagne et de saint Louis, qui ont tant combattu pour la gloire de votre nom, est-il devenu pour vous comme le sang d'Achab, et de tant de rois impies dont vous exterminiez toute la postérité?

Le glaive est encore levé, mes frères; Dieu est sourd à nos larmes, à la tendresse et à la piété de Louis. Cette fleur naissante, et dont les premiers jours étoient si brillants, est moissonnée [2]; et si

1 Mort du duc de Bourgogne.

2 Mort du duc de Bretagne, frère aîné de Louis XV, arrivée encore peu de jours après.

la cruelle mort se contente de menacer celui qui est encore attaché à la mamelle [1], ce reste précieux que Dieu vouloit nous sauver de tant de pertes, ce n'est que pour finir cette triste et sanglante scène, par nous enlever le seul des trois princes [2] qui nous restoit encore pour présider à son enfance et le conduire ou l'affermir sur le trône.

Au milieu des débris lugubres de son auguste maison, Louis demeure ferme dans la foi. Dieu souffle sa nombreuse postérité, et en un instant elle est effacée comme les caractères tracés sur le sable. De tous les princes qui l'environnoient, et qui formoient comme la gloire et les rayons de sa couronne, il ne reste qu'une foible étincelle sur le point même alors de s'éteindre. Mais le fonds de sa foi ne peut être épuisé par ses malheurs; il espère, comme Abraham, que le seul enfant de la promesse ne périra point : il adore celui qui dispose des sceptres et des couronnes, et voit peut-être dans ces pertes domestiques la miséricorde qui expie et qui achève d'effacer du livre des jus-

1 Le roi Louis XV fut alors à l'extrémité.

2 Mort du duc de Berri, oncle du roi Louis XV.

tices du Seigneur ses anciennes passions étrangères.

Louis conserva donc à Dieu un cœur fidèle: *Gubernavit ad Dominum cor ipsius;* et c'est là le devoir essentiel de l'homme. Mais jusqu'où ne porta-t-il point son zèle pour l'Église, cette vertu des souverains, qui n'ont reçu le glaive et la puissance que pour être les appuis des autels et les défenseurs de sa doctrine? *Tulit abominationes impietatis.*

Ici les évènements parlent pour moi; et les plaintes séditieuses de l'hérésie chassée du royaume, qui ont si long-temps retenti dans toute l'Europe, et les clameurs des faux prophètes dispersés, qui sonnoient par-tout, à l'exemple de leurs pères, le signal de la guerre et de la vengeance contre Louis, ont fait avant nous l'éloge de son zèle.

Spécieuse raison d'état; en vain vous opposâtes à Louis les vues timides de la sagesse humaine: le corps de la monarchie affoibli par l'évasion de tant de citoyens; le cours du commerce ralenti ou par la privation de leur industrie, ou par le transport furtif de leurs richesses; les nations voisines protectrices de l'hérésie, prêtes à s'armer pour la défendre. Les périls fortifient son zèle; l'œuvre de

Dieu ne craint point les hommes; il croit même affermir son trône en renversant celui de l'erreur : les temples profanes sont détruits, les chaires de séduction abattues, les prophètes de mensonge arrachés des troupeaux qu'ils séduisoient; les assemblées étrangères réunies à l'assemblée des fidèles. Le mur de séparation est ôté; nos frères viennent retrouver au pied de nos autels, avec les tombeaux de leurs ancêtres, les titres domestiques de la foi dont ils avoient dégénéré. Le temps, la grace, l'instruction, achèvent peu à peu un changement dont la force n'obtient jamais que les apparences; et l'erreur, qui, née en France, sembloit y avoir jeté des racines éternelles; et cette zizanie, qui tant de fois avoit pensé étouffer parmi nous le bon grain; et l'hérésie, depuis si long-temps redoutable au trône par la force de ses places, par la foiblesse des règnes précédents forcés à la tolérer, par un déluge de sang françois qu'elle avoit fait verser, par le nombre de ses partisans et par la science orgueilleuse de ses docteurs, par l'appui de tant de nations, et même par l'ancien souvenir et l'injustice de cette journée sanglante qui devroit être effacée de nos annales, que la piété et l'humanité désavoueront toujours, et qui, en voulant l'écraser sous un de nos derniers rois, ranima sa force et sa fureur, et fit, si je l'ose dire, de son sang, la semence de nouveaux disciples; l'hérésie, à l'abri de tant de remparts, tombe au premier coup que Louis lui porte, disparoît, et est réduite ou à se cacher dans les ténèbres d'où elle étoit sortie, ou à passer les mers, et à porter, avec ses faux dieux, sa rage et son amertume dans les contrées étrangères.

Heureuse si la soumission eût précédé les châtiments; si, au lieu de céder à l'autorité, elle n'eût cédé qu'à la vérité; et si ses sectateurs, contents la plupart d'obéir en apparence au souverain, n'eussent tiré d'autre avantage du zèle de Louis que de laisser à leurs enfants et à leurs neveux le bonheur d'obéir aujourd'hui à l'Église! Mais enfin la France, à la gloire éternelle de Louis, est purgée de ce scandale : la contagion ne se perpétue plus dans les familles : il n'y a plus parmi nous qu'un bercail et un pasteur; et si la crainte fit alors des hypocrites, l'instruction a fait depuis, de ceux qui sont venus après eux, de véritables fidèles.

Aussi, sous quelque couleur que l'erreur cherchât à reparoître, elle réveilloit également le zèle et la piété de Louis. Vaines idées de perfection, qui, sous prétexte d'élever l'homme jusqu'à Dieu, le laissiez tout entier à lui-même, et lui faisiez de la pureté sublime de sa vertu la sûreté de son libertinage; nouveau système d'oraison, si inconnu à la simplicité de la foi, et qui mettiez l'acquiescement oiseux et le fanatisme de vos prières à la place des devoirs et des violences de l'évangile; doctrine impie et ridicule, qui cherchiez à persuader en secret que la prière, qui seule nous obtient la grace de surmonter les tentations, nous donne elle-même le droit d'y succomber sans crime, Louis eut horreur de vos blasphèmes : il arma le zèle de l'Église contre les piéges mystérieux que vous tendiez à la piété; et le grand évêque [1] qui, pour démêler vos illusions, s'en étoit presque laissé éblouir, plus séduit par son amour pour la prière que par les fausses maximes qui en abusoient, se joignit à la voix unanime des pasteurs contre lui-même, laissa un exemple à l'épiscopat qui sauveroit à l'Église bien des scandales s'il étoit imité, et changea, par la candeur et la promptitude de sa soumission, les éclairs et les foudres de l'Église qui le menaçoient en une pluie

1 M. de Fénélon, archevêque de Cambrai.

abondante de graces et de bénédictions pour lui : *Fulgura in pluviam fecit*[1].

Mais l'homme ennemi veille toujours pour semer des scandales dans le champ du Seigneur. La vérité a triomphé de l'hérésie et du fanatisme; mais la paix que nous attendions n'est point encore venue : *Expectavimus pacem, et non erat bonum*[2]. Les mystères de la grace, où l'orgueil de l'esprit humain a si souvent échoué, échauffent de nouveau les esprits; les pasteurs de l'Église, qui, toujours unis entre eux, ne devroient jamais prendre les armes que contre les ennemis du dehors, se divisent, comme s'ils avoient des intérêts et des espérances différentes; les esprits s'aigrissent, les disputes s'animent : ce n'est par-tout que trouble et que confusion. Grand Dieu! à quoi aboutiront ces dissentions funestes? Un siècle entier de contestations ne devroit-il pas en avoir enfin ralenti la fureur? Les troupes des Philistins nous environnent : au lieu de nous réunir pour repousser les infidèles, c'est nous-mêmes qui leur fournissons des prétextes spécieux d'insulter aux armées du

1 Ps. 134, 7.

2 Jerem. 8, 15.

Dieu vivant. Mais laissons une matière dont le seul récit ne peut qu'affliger les enfants de l'Église qui ont quelque amour pour cette mère commune des fidèles : il suffit à mon sujet de dire que Louis n'eut rien tant à cœur, que de voir la concorde et l'union régner parmi les pasteurs ; la foi maintenue dans la pureté : les fidèles point partagés entre Paul, Apollon ou Céphas, mais uniquement attachés à Jésus-Christ et à son Église ; et que c'étoit là constamment le but de toutes ses démarches. Dieu ne lui a pas donné la consolation, avant de mourir, de voir finir nos tristes dissentions ; mais avec quelle douleur les voyoit-il se perpétuer dans son royaume ! Les malheurs de l'état le trouvoient constant : les troubles de la religion flétrissoient son cœur, et effaçoient l'auguste sérénité de son visage ; et dans le lit même de sa douleur et de sa mort, comme un autre Théodose mourant, les maux de l'Église l'occupoient plus, le touchoient plus que les horreurs de la mort dont il étoit environné : *Qui cùm jam corpore solveretur, magis de statu ecclesiarum quàm de suis periculis angebatur* [1].

1. S. Ambr. in orat. funeb. Theod.

Tout ce qui pouvoit avancer les intérêts de la religion devenoit un intérêt d'état pour lui. Avec quelle magnificence ouvroit-il son royaume et ses trésors à un roi [1] et à une reine pieuse, qui, pour avoir voulu faire remonter la foi sur le trône de leurs ancêtres, en avoient été eux-mêmes chassés! Une nation vaillante, mais aussi orageuse que la mer qui l'environne, et accoutumée à donner de semblables spectacles à l'Europe, s'ébranle, s'agite, se soulève, et jette hors de son sein ces sacrés dépôts. Louis, seul de tous les souverains, que cet outrage intéressoit tous, court au-devant d'eux, les essuie du naufrage, offre un asile à la religion et à la royauté fugitives; s'arme pour venger la majesté des rois et la sainteté de la foi, foulées aux pieds en leurs personnes; attire sur ses états les fureurs d'une ligue redoutable, et les calamités d'une longue guerre qui n'a pensé finir qu'avec la monarchie; et s'il n'a pas eu la gloire de leur rendre leur couronne, il a eu le mérite d'exposer la sienne.

Mais si son zèle pour la défense de la foi sembloit croître et se ranimer avec son grand âge, rappelez-

1 Le roi Jacques II, et la reine sa femme, chassés d'Angleterre, et réfugiés en France.

vous quels furent ses soins pour le rétablissement de la piété en ces jours de péché et de malice : *Corroboravit pietatem in diebus peccatorum ;* et c'est l'exemple que doit le pasteur et le père de ses sujets.

Vous le savez, mes frères : la source de la régularité et de la pureté des mœurs publiques est toujours dans le zèle et dans la sainteté des évêques, établis pour être la forme du troupeau, pour le sanctifier, et pour le conduire : aux soins et aux exemples des premiers pasteurs est presque toujours attaché le salut ou la perte des fidèles. Pénétré de cette vérité, quelles furent les attentions de Louis à choisir des ministres irrépréhensibles ! quelles précautions ! quelle délicatesse de conscience ! Les témoignages les plus sûrs, les plus publics, pouvoient à peine suffire pour le rassurer dans ses choix. Plus effrayé que flatté de ce droit brillant attaché à sa couronne, il le regarda comme l'écueil des rois, et le fardeau le plus pénible et le plus dangereux de la royauté. Les brigues, la faveur, la chair et le sang, n'étoient pas un droit auprès de lui pour posséder les places de l'Église, qui est le royaume de Jésus-Christ. Les services mêmes, la naissance, la longue suite d'ancêtres, ne lui paroissoient pas une vocation suffisante au sacerdoce de Melchisedech, qui n'avoit point de généalogie. Il étoit vivement persuadé que l'épiscopat n'étoit pas une faveur temporelle destinée à gratifier les familles, mais un don céleste destiné à honorer l'Église en lui donnant des ministres capables d'honorer leur ministère; et l'exactitude de sa religion et de son zèle là-dessus alla peut-être quelquefois plus loin même que celle des règles.

Il vouloit que la puissance de son règne ne servît qu'à établir le règne de Dieu sur ses peuples. Quelle joie, quand il voyoit quelqu'un de sa cour revenir des égarements des passions, et mener une vie conforme à la sagesse et à la piété de la sienne! C'étoit pour lui comme une nouvelle conquête ajoutée à ses anciennes victoires. La vertu n'étoit plus un titre de dérision à la cour : c'étoit elle qui remplissoit les premières places, elle qui étoit comblée d'honneurs, elle enfin qui frayoit l'accès au trône et à la confiance du souverain.

Jours fortunés! vous deviez ramener parmi nous le règne de la piété et de l'innocence; et cependant jamais la malice n'a plus abondé; et les faveurs royales accordées à la vertu n'en ont peut-être rendu que les apparences estimables. Siècle pervers! tout coopère donc à ta perte! Si le prince oublie Dieu, il affermit et perpétue les vices : s'il favorise les justes, il multiplie les hypocrites.

Mais enfin Louis contraignit les œuvres de ténèbres à se cacher, et à ne plus insulter à la lumière : le désordre ne fut plus un bon air; et s'il n'en arrêta pas le cours, il en ôta du moins l'ostentation et le scandale.

La licence d'un théâtre étranger, où, à la honte des mœurs publiques et de la politesse de la nation, les plus grossières obscénités assembloient les grands et le peuple, où le vice parloit un langage dont notre langue même rougit, et où le sexe lui-même venoit publiquement applaudir à des indécences qui étoient comme des insultes solennelles faites à sa pudeur; cette licence fut proscrite, et les débris de cette scène impure élevèrent à la piété de Louis un monument plus immortel, que les murs renversés de tant de villes conquises n'en avoient élevé à sa gloire.

En renversant les écoles du vice, quels asiles n'érigea-t-il point à la piété? Vous l'apprendrez à nos neveux, édifice auguste [1], où la valeur ré-

1 Hôtel des Invalides.

fugiée consacre au pied des autels les restes tronqués et languissants d'une vie tant de fois exposée pour l'état! Vous l'apprendrez encore, maison sainte[1], où la naissance et la pauvreté dotée sauvent également l'innocence du sexe des périls, et sa noblesse de la honte et de l'indigence!

Que d'établissements pieux vois-je s'élever sous son règne, au milieu de la capitale et dans les provinces! Le règne de Dieu croît et s'étend avec celui de Louis. Les jeunes ministres du sanctuaire reprennent, dans des maisons saintes que chaque pasteur élève à l'envi, ce premier esprit de science, de ferveur, de discipline, si déchu du temps de nos pères. Les forêts mêmes se repeuplent de solitaires; et, comme au temps des Machabées, plusieurs descendent dans le désert[2], pour y chercher le jugement et la justice, parceque les maux et la corruption avoient inondé, et que Dieu n'étoit plus connu au milieu des villes : *Tunc descenderunt multi quærentes judicium et justitiam in desertum, quoniam inundaverunt super eos mala*[3]. Des

1 Maison de Saint-Cyr.

2 La Trappe, et Sept-Fonts.

3 1 Macc. 2, 29, 30.

ouvrages infinis, remplis de doctrine et de lumière, paroissent pour aider à la piété des fidèles. Nos neveux, qui, en remontant, retrouveront dans ce siècle les premiers monuments de la science et de la piété renouvelées, béniront le règne de Louis, recevront la grace que nous avons rejetée, et puiseront dans ces secours dus à ses soins, et transmis d'âge en âge, les règles des mœurs, la justice, et le salut, que nous n'avons pu trouver même dans ses exemples.

Qu'étoit-il réservé à une piété si fidèle à Dieu, si zélée pour l'Église, si utile aux peuples, qu'une couronne de justice encore plus éclatante que celle qu'il avoit reçue de ses ancêtres, et une mort encore plus glorieuse à la grace et plus héroïque que sa vie?

Non, mes frères : la source du véritable héroïsme et de l'élévation des sentiments est dans la foi; le monde n'a jamais fait que de faux héros; et la mort, qui nous montre toujours tels que nous sommes, découvre enfin en eux ou une foiblesse de timidité qui les déshonore, ou une ostentation de fermeté, encore plus foible et plus méprisable que leur frayeur, parcequ'elle est plus fausse.

Louis meurt en roi, en héros, en saint. Un soudain dépérissement ébranle d'abord les fondements, ce semble, inaltérables d'une santé que l'âge, les afflictions, et les soins laborieux d'un long règne avoient jusque-là respectée. Il avoit vécu au-delà de l'âge des rois, et elle nous promettoit encore une vie au-delà du cours ordinaire de celle des autres hommes : il avoit vu naître nos pères, et il semble que nous comptions que c'étoit à nos neveux à le voir mourir. Tout ce qui nous flatte nous paroît toujours devoir être éternel.

Mais Dieu, dont le règne seul ne finit point, et qui avoit déja empreint au-dedans de lui les caractères ineffaçables de la mort, les cachoit encore aux lumières de l'art et aux vaines espérances d'une cour que l'excellence du tempérament rassuroit encore. Mais enfin le secret de Dieu se déclare; la mort cachée au-dedans laisse voir au-dehors des signes toujours trop infaillibles qui l'annoncent; on ne peut plus la méconnoître; sa lenteur augmente encore les horreurs de l'appareil. Louis seul la voit d'un œil tranquille. Au milieu des sanglots de ses anciens et fidèles serviteurs, de la consternation des princes et des grands, des larmes de toute sa cour, Louis trouve dans la foi une paix, une fermeté, une grandeur d'ame, que le monde n'a pas encore données. « Pourquoi pleurez-vous? » dit-il à un des siens, que les larmes abondantes d'une douleur moins circonspecte lui font remarquer : « aviez-vous cru que les rois étoient im-« mortels? »

Ce monarque environné de tant de gloire, et qui voyoit autour de lui tant d'objets si capables de réveiller ou ses desirs ou sa tendresse, ne jette pas même un œil de regret sur la vie; il ne lui reste pas même ces incertitudes qui montrent encore la vie au mourant, et qui mêlent du moins aux tristes saisissements de la crainte les douceurs de l'espérance. Il sait que son heure est venue et qu'il n'y a plus de ressource; et il conserve, dans le lit de sa douleur, cette majesté, cette sérénité, qu'on lui avoit vues autrefois aux jours de ses prospérités sur son trône; il règle les affaires de l'état, qui ne le regardent déja plus, avec le même soin et la même tranquillité que s'il commençoit seulement à régner; et la vue sûre et prochaine de la mort ne lui donne pas ce dégoût et cette horreur de penser à ce qu'on va quitter, qui est plutôt un désespoir secret de le perdre qu'une marque que l'on ne l'aime plus. Les sacrements des mourants n'ont pas autour de lui cet air sombre et lugubre qui d'ordinaire les accompagne : ce sont des mystères de paix et de magnificence; et ce n'est pas ici un de ces moments rapides et uniques où la vertu se rappelle tout entière, et trouve dans la courte durée de l'effroi du spectacle la ressource de sa fermeté. Les jours vides et les nuits laborieuses se prolongent, et l'intrépidité de sa vertu semble croître et s'affermir sur les débris de son corps terrestre. Qu'on est grand, quand on l'est par la foi!

La vue fixe et assurée de la mort, soutenue durant plusieurs jours sans foiblesse, mais avec religion; sans philosophie, mais avec une majestueuse fermeté; ne voulant exciter, ni l'attendrissement, ni l'admiration des spectateurs; ne cherchant, ni à les intéresser à sa perte par ses regrets, ni à s'attirer leurs éloges par sa constance; plus grand mille fois que s'il eût affecté de le paroître. Accourez à ce spectacle, censeurs frivoles et éternels de sa vertu, et qui aviez traité peut-être sa piété de foiblesse, et voyez si la vanité toute seule ne se feroit pas honneur de tout ce que la grace opère de grand en Louis dans ces derniers moments. Mais la vanité n'a jamais eu que le masque de la grandeur; c'est la grace qui en a la vérité.

Il assemble autour de son lit, comme un autre David mourant, chargé d'années, de victoires, et de vertus, les princes de son auguste sang et les grands de l'état. Avec quelle dignité soutient-il le spectacle de leur désolation et de leurs larmes! Il leur rappelle, comme David, leurs anciens services : il leur recommande l'union, la bonne intelligence, si rares sous un prince enfant; les intérêts de la monarchie, dont ils sont l'ornement et le plus ferme soutien : il leur demande pour son fils Salomon, et pour la foiblesse de son âge, le même zèle, la même fidélité, qui les avoit toujours si fort distingués sous son règne. Jamais il n'a paru plus véritablement roi : c'est qu'il l'étoit déja dans le ciel, et que le règne du juste est encore plus grand et plus glorieux que celui des rois de la terre.

Enfin le jeune Salomon, l'auguste enfant, est appelé. Louis offre au Dieu de ses ancêtres ce reste précieux de sa maison royale, cet enfant sauvé du débris, qui lui rappelle la perte encore récente de tant de princes, et que ses prières et sa piété ont sans doute conservé à la France. Il demande pour lui à Dieu, comme David pour son fils Salomon, un cœur fidèle à sa loi, tendre pour ses peuples, zélé pour ses autels et pour la gloire de son nom : *Salomoni quoque filio meo da cor perfectum, ut custodiat mandata tua* [1]. Il lui laisse pour dernières instructions, comme un héritage encore plus cher que sa couronne, les maximes de la piété et de la sagesse. « Mon fils, lui dit-il, « vous allez être un grand roi; mais souvenez-vous « que tout votre bonheur dépendra d'être soumis « à Dieu, et du soin que vous aurez de soulager « vos peuples. Évitez la guerre; ne suivez pas là-« dessus mes exemples; soyez un prince pacifique; « craignez Dieu, et soulagez vos sujets. » Il lève les mains au ciel, comme les patriarches au lit de la mort, et répand sur cet enfant, avec ses vœux et ses bénédictions, des larmes qui échappent à sa tendresse, ou à la joie qu'il a d'aller posséder le royaume de l'éternité qui lui est préparé.

Retournez donc dans le sein de Dieu d'où vous étiez sortie, ame héroïque et chrétienne! votre cœur est déja où est votre trésor. Brisez ces foibles liens de votre mortalité qui prolongent vos desirs, et qui retardent votre espérance : le jour de notre deuil est le jour de votre gloire et de vos

1 1 PARAL. 29, 19.

triomphes. Que les anges tutélaires de la France viennent au-devant de vous, pour vous conduire avec pompe sur le trône qui vous est destiné dans le ciel à côté des saints rois vos ancêtres, de Charlemagne, et de saint Louis. Allez rejoindre Thérèse, Louis, Adélaïde, qui vous attendent, et essuyer auprès d'eux, dans le séjour de l'immortalité, les larmes que vous avez répandues sur leurs cendres; et si, comme nous l'espérons, la sainteté et la droiture de vos intentions a suppléé devant Dieu ce qui peut avoir manqué, durant le cours d'un si long règne, au mérite de vos œuvres et à l'intégrité de vos justices, veillez du haut de la demeure céleste sur un royaume que vous laissez dans l'affliction, sur un roi enfant qui n'a pas eu le loisir de croître et de mûrir sous vos yeux et sous vos exemples; et obtenez la fin des malheurs qui nous accablent, et des crimes qui semblent se multiplier avec nos malheurs.

Et vous, grand Dieu, jetez du haut du ciel des yeux de miséricorde sur cette monarchie désolée, où la gloire de votre nom est plus connue que parmi les autres nations, où la foi est aussi ancienne que la couronne, et où elle a toujours été aussi pure sur le trône que le sang même de nos rois qui l'ont occupé. Défendez-nous des troubles et des dissentions auxquelles vous livrez presque toujours l'enfance des rois; laissez-nous du moins la consolation de pleurer paisiblement nos malheurs et nos pertes. Étendez les ailes de votre protection sur l'enfant précieux que vous avez mis à la tête de votre peuple; cet auguste rejeton de tant de rois, cette victime innocente échappée toute seule aux traits de votre colère et à l'extinction de toute la race royale. Donnez-lui un cœur docile à des instructions qui vont être soutenues de grands exemples : que la piété, la clémence, l'humanité, et tant d'autres vertus, qui vont présider à son éducation, se répandent sur tout le cours de son règne. Soyez son Dieu et son père, pour lui apprendre à être le père de ses sujets; et conduisez-nous tous ensemble à la bienheureuse immortalité. Ainsi soit-il.

FIN DE L'ORAISON FUNÈBRE DE LOUIS-LE-GRAND.

ORAISON FUNÈBRE

DE

LOUIS-FRANÇOIS DE BOUFFLERS,

PAIR ET MARÉCHAL DE FRANCE;

PAR LA RUE.

20.

Extrait de l'Essai sur les éloges, par Thomas.

...Ces trois éloges funèbres (ceux de Mgr. le Dauphin, du maréchal de Luxembourg et du maréchal de Boufflers) firent la réputation de La Rue; celui sur-tout du maréchal de Boufflers passe pour son chef-d'œuvre... Bossuet a créé une langue; Fléchier a embelli celle qu'on parloit avant lui; La Rue, dans son style négligé, tantôt familier, et tantôt noble, sera plutôt cité comme un orateur que comme un écrivain. Le plus souvent il jette et abandonne ses idées sans s'en apercevoir, et l'expression naît d'elle-même. Cette négligence sied bien aux grands mouvements... Enfin, c'est peut-être de tous les orateurs celui qui a le plus approché de la marche de Bossuet. Mais il est loin de son élévation comme de ses inégalités : il n'est pas donné à tout le monde de tomber de si haut.

ORAISON FUNÈBRE

DE

LOUIS-FRANÇOIS DE BOUFFLERS,

PAIR ET MARÉCHAL DE FRANCE;

Prononcée à Paris, dans l'église des PP. Minimes de la Place-Royale, le 17 décembre 1711.

Et iste quidem vitâ decessit, non solùm juvenibus, sed et universæ genti, exemplum virtutis et fortitudinis derelinquens.

Il est mort, laissant non-seulement à la jeunesse, mais encore à toute la nation, l'exemple de sa vertu et de son courage. — C'est l'éloge du généreux Éléazar, au liv. 2 des Mach. ch. 6.

Il n'y a plus d'Antiochus qui force Éléazar et les braves d'Israël à soutenir leur courage et leur vertu contre la terreur des supplices : mais un siècle tel que le nôtre, où les plus odieuses et les plus basses passions ont pris sur les plus nobles et les plus aimables vertus un empire tyrannique, au mépris de toutes les lois de la conscience et de l'honneur, un siècle si pervers n'expose pas la constance des fidèles à de moindres combats pour la sainteté des mœurs, que les siècles passés pour la sainteté de la foi.

Guerre, messieurs, moins terrible en apparence; où les ennemis sont moins violents, les victoires moins sanglantes, et les triomphes moins brillants; mais où peut-être les héros sont d'autant plus rares, qu'ils ont leur propre cœur pour principal ennemi. Quelle force par conséquent, quelle vertu ne faut-il pas pour être en même temps l'assaillant, le vainqueur, le champ même de bataille? et quels éloges ne sont pas dus à ceux qui donnent à leur siècle et à la postérité des exemples si nécessaires? *universæ genti virtutis et fortitudinis exemplum.*

Nous avons vu, messieurs, un de ces rares vainqueurs : non pas dans la tranquillité d'une vie secrète et privée, éloignée des piéges de l'intérêt, de l'envie et de l'ambition; mais sur le théâtre du grand monde, au milieu des précipices et des écueils de la cour, au bruit et au feu de la guerre. Nous l'avons vu; mais, hélas! nous l'avons perdu cet homme assez maître de ses passions pour les avoir assujetties à tous les devoirs de la vertu.

C'étoit très haut et très puissant seigneur Louis François, duc de Boufflers, pair et maréchal de France, chevalier des ordres du roi, et de la toison d'or, gouverneur général des provinces de Flandre et de Hainaut, gouverneur particulier des ville et citadelle de Lille, capitaine des gardes-du-corps de sa majesté et général de ses armées.

Que d'honneurs sur la tête d'un seul homme! Il n'en a pas ignoré la vanité. Mais que d'importants devoirs attachés à tant d'honneurs! C'est le soin de les remplir qui a fait l'occupation de sa vie, et qui, comme nous l'espérons, lui a fait trouver grace auprès d'un Dieu fidèle dans ses promesses à ceux qui ont été fidèles dans leurs devoirs.

Oublions donc ces titres vains, qui ne servent plus qu'à orner la surface d'un tombeau plein de vers et d'ossements. Ce n'est ni le marbre ni l'airain qui nous font révérer les grands; encore moins nous excitent-ils à prier pour leur repos. Tous ces superbes monuments ne font qu'attirer sur leurs cendres, et que réveiller dans les cœurs, l'envie attachée autrefois à leurs personnes et à leurs faits, à moins que la vertu ne consacre leur mémoire, et ne change pour eux en couronne de salut cette fausse immortalité que l'on cherche inutilement dans les colonnes et les statues.

Et combien Rome, Sparte, Athènes, en auroient-elles élevé à ce brave Miltiade, à ce juste Phocion, à cet austère Caton, à ce modeste Fabrice, à ce Decius toujours prêt à se dévouer pour l'état! Quelle espèce de couronne eût manqué à ce digne citoyen, dans ces siècles fameux où l'amour de la patrie étoit le comble des vertus, et les marbres inanimés leur plus solide récompense?

Élevés par la foi à de plus hautes idées, laissons au temps le soin de venger la vraie vertu de la vanité de ces grands noms, de ces pompeuses qualités, en arrachant les marbres aussi-bien que les héros de la vue et du souvenir des hommes; et cherchons le mérite et la gloire du guerrier pour qui nous prions aujourd'hui dans le seul nom qu'il porte aux yeux de Dieu. C'est celui d'homme fidèle à remplir tous ses devoirs.

Ce sont les œuvres attachées à ce seul nom, qui ont suivi son ame au souverain tribunal, qui ont contre-pesé dans la balance d'équité les œuvres échappées à la fragilité mortelle. C'est sur ce nom que le juge a décidé de son sort. Pesons au même poids le tribut d'estime et d'affection que nous devons à sa mémoire, et les vœux que la piété nous presse d'offrir à Dieu pour son repos éternel.

Trois motifs soutenoient la fermeté d'Éléazar contre les menaces de la mort : la noblesse de sa naissance, *ingenitæ nobilitatis canities*[1] ; le zèle de l'honneur et des lois de sa patrie, *pro gravissimis et sanctissimis legibus;* la droiture de sa conscience, animée du respect et de la crainte de Dieu, *propter timorem Dei.*

Ces trois mêmes motifs ont porté le maréchal de Boufflers à rendre ce qu'il devoit, premièrement à sa naissance, secondement à sa patrie et à son roi, troisièmement à sa conscience: à sa naissance, par sa rare valeur; à son roi, par son zèle infatigable pour sa personne et son état; à sa conscience, par sa religion sincère et son exacte probité. Valeur sans faste, zèle sans intérêt, religion et probité sans feinte; alliance rare et précieuse des trois plus nobles qualités qui puissent former un grand homme.

France, qui recueillez depuis quarante-cinq ans

1 2 Macc. 6, 23, 28, 30.

le fruit de ses travaux et de sa tendresse pour vous, pourriez-vous négliger de lui rendre ces trois témoignages ? Ils lui sont rendus avec éclat par nos propres ennemis.

Pardonnez-moi, messieurs, si je parois douter de votre reconnoissance et de votre penchant à louer la vraie vertu. C'est plutôt à lui... oui, c'est à vous, fidèle serviteur du Dieu des armées, que je dois demander pardon de mon peu d'égard au dégoût que vous aviez pour les louanges, au soin que vous preniez de les fuir autant que de les mériter. Vous avez goûté assez long-temps le plaisir de votre modestie ; laissez-nous rompre le silence forcé que votre austérité nous imposoit. Votre réputation n'est plus à vous : c'est la seule et dernière vie qui vous reste encore parmi nous. Elle est du ressort de la renommée ; c'est à elle d'exercer son empire sur votre nom, pour le conserver aux siècles futurs, avec encore plus d'autorité que la mort n'en prendra sur vos cendres pour les détruire. On a besoin de votre nom pour faire à nos descendants l'apologie de notre siècle ; ils douteront au moins de ses excès et de ses dérèglements, quand ils sauront qu'il a produit en votre personne ce que nos pères avoient admiré dans les Guesclin, les

Boucicault, les Bayard et les Dunois, pour la gloire des rois, le salut de la patrie, l'honneur de la vertu.

PREMIÈRE PARTIE.

L'ÉVANGILE de Jésus-Christ, en nous recommandant la douceur et l'humilité, n'a point privé le monde du secours de la valeur; il n'a fait que purifier cette importante qualité des taches de l'orgueil, de la férocité, du faste, et la rendre par-là plus utile au bien public.

Le nom même de Dieu des armées, que l'Être souverain a bien voulu se donner, nous laisse entrevoir un tribunal où les lâches et les oisifs seront cités, aussi-bien que les ambitieux, les turbulents et les rebelles. Là, pour accusateurs, ils auront « les forts d'Israël [1]; » les Gédéon, les Josué, les David, les Machabées. Ils y rendront compte de l'usage qu'ils auront fait de leur épée, de l'honneur qu'ils auront rendu à leur naissance et à leur sang. C'est déshonorer les ancêtres que de démentir leur valeur ou de la corrompre par l'orgueil.

1 PARAL. 7.

Valeur sans faste et sans orgueil est donc une perfection que les grands se doivent à eux-mêmes, à leurs ancêtres et à leur sang, avant que de la devoir au prince et à la patrie.

Cette philosophie, assez négligée de nos jours, fut celle où Boufflers s'attacha, dont il s'imprima les principes, après ceux des lettres humaines, où son génie solide et sérieux l'avoit aidé à faire de grands progrès.

Il n'étoit que le cadet d'une maison distinguée, autant par sa valeur que par sa pure antiquité. Elle ne paroît dans nos histoires que déja revêtue de l'autorité militaire, dans un temps où les richesses n'avoient point encore acquis le privilége odieux d'usurper les emplois et les droits de la noblesse, attachés alors au seul mérite et rarement même à la faveur.

C'est ce qui rendit ceux de son sang toujours plus appliqués à cultiver les qualités du cœur qu'à rechercher les dons de la fortune. Et quand Guillaume de Boufflers commandoit les bandes picardes à la conquête de Naples et de la Sicile, il y a près de cinq cents ans [1], et qu'à la tête de sa troupe il

1 En 1266. Belleforêt, tom. 1, l. 4, pag. 695, édit 1579. Collenuc. lib. 4.

arrachoit la victoire à Mainfroi dans les plaines de Bénévent en renversant ses bataillons allemands, ce n'étoit pas pour s'enrichir des dépouilles de deux royaumes, mais pour en affermir les couronnes sur la tête de Charles d'Anjou, et servir saint Louis son roi en la personne du prince son frère.

Cette exacte fidélité aux devoirs de sa condition fut à ses descendants la plus chère partie de son héritage[1]. Ils tâchèrent de s'en montrer dignes dans presque toutes les guerres que la France eut depuis à soutenir : contre les Flamands, au combat de Mons en Puelle, sous Philippe-le-Bel; contre les Anglois, à la bataille d'Azincourt, sous Charles VI; contre la maison d'Autriche, à la journée de Guinegâte, sous Louis XI; au siége de Milan, et à la bataille de Pavie, sous François Ier; dans les guerres civiles, à Moncontour, sous le roi Charles IX. On vit ceux de ce nom tenir toujours leur rang entre les plus braves, et par de hautes

1 Enguer. de Monstrelet. — Belleforêt, tom. 2, l. 5, pag. 1044. — Louvet, Noblesse beauvoisienne. — Le Carpentier, Histoire de Cambrai. — La Morlière, Antiquités d'Amiens.

alliances conserver avec soin la splendeur et la pureté de leur sang.

A l'imitation de ses aïeux, le chevalier de Boufflers (qualité qu'il prit d'abord, non pas comme un titre oisif, mais comme un engagement à en mériter de plus illustres) alla, dès sa plus tendre jeunesse, éprouver son courage au-delà des mers.

Le silence et le repos que le traité des Pyrénées avoit répandus dans la plus grande partie de l'Europe ôtant alors à la noblesse les occasions de s'exercer dans l'art qui lui convient le mieux et qu'elle doit le moins ignorer, la première qui s'offrit aux desirs du chevalier fut l'entreprise de Gigeri. L'éloignement de son pays, le risque de l'expédition, ne le rebutèrent point. Entre ces deux périls, celui d'un voyage en Afrique, et celui de l'oisiveté, son cœur ne balança point sur le choix; et, sans nul autre engagement que celui de son courage, il alla, simple volontaire, essayer contre les barbares, et loin des yeux de son roi, l'épée que, jusqu'à son dernier soupir, il vouloit consacrer à son service.

Il ne fut pas long-temps sans se retrouver sous ses yeux. Il fut même assez heureux pour s'attirer ses regards, non pas par l'élévation de son rang, simple lieutenant aux gardes-françoises, mais par la distinction de sa valeur. Ce fut à la campagne de Lille qu'il s'ouvrit la première entrée dans l'estime du monarque, et le chemin aux grands honneurs dont il fut depuis comblé.

Pour abréger, réduisons tous les faits de ses premières années à cet éloge général, qu'il y a peu de nos plus fameux héros qui n'aient tiré de sa valeur une grande partie de l'éclat de leurs victoires.

Condé, Turenne, Luxembourg, Créqui, noms immortels! guerriers qui, durant cinquante ans, avez entretenu si constamment la chaîne de la gloire et du bonheur de la France, vous n'envierez point à Boufflers l'honneur d'approcher de vous dans l'ordre glorieux des défenseurs de l'état. Il vous a suivis de trop près dans la mêlée et dans le feu de vos plus célèbres combats; il a trop souvent arrosé vos plus beaux lauriers de son sang, pour être privé de la part qu'il a eue à vos couronnes; et ce seroit vous offenser que de refuser à sa mémoire les louanges que tant de fois vous avez cru devoir à sa valeur.

En effet, quel éclat ne donna point, dans la guerre de Hollande, à l'audace de Luxembourg, la levée du siége de Voërden, où le prince d'Orange, enflé des premières espérances que lui donnoit son rétablissement dans la dignité de ses pères, reçut le présage malheureux du sort qui le devoit toujours suivre en présence de ce général? Quelle part eut Boufflers à la gloire de cette action? Colonel des dragons du roi, marchant à leur tête, il franchit les marais profonds et les digues fortifiées qui servoient de lignes aux ennemis; et couvert du sang qu'il perdoit par une profonde blessure, il ne sortit point du combat qu'après avoir vu le prince en fuite et la ville hors de péril.

Quel honneur ne fit point au profond génie de Turenne et à ses sages précautions le fameux combat d'Ensisheim? Ce héros, au moment que les deux armées s'ébranloient, avoit subitement changé l'ordre du combat pour tourner ses premiers efforts contre un bois qui serroit sa droite, et qui cachoit les impériaux retranchés sur notre flanc. Boufflers, à la vue de ce mouvement subit, entrant aussitôt dans sa pensée, et comprenant le besoin qu'on y auroit de ses dragons, se détacha du poste où il étoit, et s'avança de lui-même vers le bois. L'attaque opiniâtrée et soutenue avec pareille vigueur attira bientôt là les meilleurs corps, et le canon même des deux partis. Deux heures de combat n'avoient encore fait ni gagner ni perdre un pas de terrain, quand le généreux colonel, ranimant sa valeur à la vue d'une blessure qu'il venoit de recevoir, s'élança sur le retranchement, fut suivi de toute sa troupe, et, maître de l'entrée du bois, donna lieu au carnage que l'on y fit des ennemis, à la prise de leur canon, et à l'heureuse décision de cette célèbre journée.

Turenne, l'année d'après, étant mort au-delà du Rhin, du coup fatal qui l'abattit presque entre les bras de la victoire, à quel prix Boufflers vendit-il aux ennemis le fruit qu'ils se promettoient de sa mort? Après deux jours de silence et d'inaction que cet accident imprévu repandit dans les deux armées, la nôtre, étonnée du coup, sans en être consternée, se mit en mouvement pour repasser en-deçà du Rhin; celle des ennemis, pour nous en couper le passage

Nous avions perdu notre chef; mais chaque officier particulier le faisoit revivre dans son cœur par un redoublement de courage et de fermeté. Boufflers, quoique sans titre encore de commandant général, prit le poste et le rang que son zèle et sa valeur lui donnèrent : il se mit à l'arrière-garde avec ses dragons, c'est-à-dire en état de servir de bouclier à tout le reste de l'armée contre la fougue des Allemands. Trois charges repoussées avec une égale fierté, deux rivières traversées à leur vue, trois jours de marche, ou plutôt de combats et d'avantages continuels, nous conduisirent en assurance à notre pont d'Altenheim, et contraignirent nos ennemis à n'être que les spectateurs de notre retraite triomphante et de la défaite inespérée de leurs plus fiers bataillons.

Devenu maréchal de camp par le mérite et l'éclat de cet important service, et des autres qu'il rendit tout le reste de l'année sous le grand Condé, qui étoit venu en Alsace opposer la terreur de son nom au torrent de la puissance germanique, Boufflers eut le moyen de profiter des exemples d'un prince à qui l'art de vaincre étoit naturel.

Quel usage en fit-il les années suivantes, et sur-tout au pont de Rhinfeld, sous les yeux de la vigilance et de l'activité même, c'est-à-dire sous les yeux du maréchal de Créqui?

Sept à huit mille Allemands, retranchés à la tête de ce pont pour en défendre les approches, n'ôtèrent point à Créqui le dessein de l'emporter. Son infanterie étoit fort éloignée; mais vingt escadrons sous sa main, la plupart dragons à pied, valoient une armée entière. En effet, à la première attaque, tout plia. Les rangs confondus, renversés, se précipitèrent en foule, ou vers le pont, ou dans le Rhin. Boufflers à pied, pressant leur fuite, et parvenu jusqu'au pont traversé de morts, de mourants et de fuyards entassés qui en bouchoient le passage, se l'ouvrit par la force en poussant tout dans le Rhin. Le pont-levis fermé dans le moment sauva la ville, et lui livra le reste des vaincus. Il fit planter son étendard sur le bord du pont-levis, et, de ces corps accumulés s'étant fait un épaulement contre le feu des remparts, il ne perdit point l'espérance d'y pénétrer, que par l'embrasement du pont, que le désespoir des habitants leur fit sacrifier aussitôt à la sûreté de leurs biens et de leur vie.

Ce spectacle, où les morts servoient de rempart aux vivants contre la mort, doit paroître fabuleux. Mais j'ai l'honneur d'avoir d'illustres auditeurs, qui non-seulement en furent alors témoins, mais qui eurent part au péril et à la gloire de l'exploit, comme ils l'ont eu depuis aux honneurs de la récompense.

Où nous emporteroit le détail de ses actions, si nous voulions suivre pas à pas le progrès de sa valeur à proportion de son progrès dans les dignités militaires?

Infatigable en temps de paix aussi-bien qu'en temps de guerre, il est envoyé au-delà des Alpes, pour prendre possession de Casal; rappelé au pied des Pyrénées, pour tenir Fontarabie en respect. Aux premiers mouvements d'un renouvellement de guerre, il court investir Courtrai. Il est employé à couvrir entre Sambre et Meuse le siége de Luxembourg. Il accompagne Monseigneur à la campagne de Philisbourg. Après le départ du prince, il étend les armes du roi dans tout le Palatinat et le long des rives du Rhin. La guerre s'allumant et croissant d'année en année, il prend Cokheim par assaut, et livre après l'assaut, dans le cœur même de la ville, un funeste combat à quinze cents Allemands. En plein hiver, il enlève Furnes en quinze heures, et quatre mille Anglois qui s'y étoient retranchés.

On se souviendra long-temps des défilés et des ravins de Steinkerque, où le prince d'Orange avoit cru surprendre notre armée enfermée et sans mouvement. On n'oubliera jamais les efforts inouis des troupes et du général pour repousser son insulte. Mais oubliera-t-on le secours dont la vigilance et l'activité de Boufflers appuya leur résistance? Il étoit campé avec un corps d'armée à deux lieues du champ de bataille. Au premier bruit du canon, sans attendre l'avis qu'il ne reçut qu'en chemin, il accourt, et, posté d'abord où le besoin paroissoit plus pressant, il ébranle par sa vigueur la droite des ennemis. En même temps, au centre, à la gauche, on les pousse d'un pas égal. N'en ôtons point la gloire à Luxembourg; avouons du moins que le bras et le génie de Boufflers n'aidèrent pas peu à corriger la lenteur de la victoire.

Et voilà, noblesse guerrière, enfants de tant de héros, voilà pour vous l'objet d'une juste jalousie: non pas les charges, les honneurs; mais les travaux et les périls, qui font le mérite des honneurs! Celui que nous regrettons s'est mis au-dessus de ses pères et des illustres de son temps, en se donnant tout le loisir, non pas de les prévenir dans les charges, mais d'enchérir sur leurs exemples, et de surpasser ou d'égaler leurs exploits.

Il ne s'est avancé que par degrés. Ceux qui l'ont vu en même temps commandant-général des dragons et colonel-général des gardes-françoises, gouverneur successivement de quatre grandes provinces, du Luxembourg, de la Lorraine, de la Flandre et du Hainaut, l'avoient vu lieutenant aux gardes, aide-major et simple colonel.

Aussi assidu au service qu'il étoit peu assidu à la cour, hivers, étés, partages des saisons entre les fatigues des campagnes et les douceurs du repos, vous lui étiez inconnus. Il n'avoit point de temps pour ses plaisirs. En avoit-il au moins pour solliciter sa fortune? Il avoit d'autres solliciteurs, d'autres voix que celle de l'empressement, de l'importunité, du murmure : il avoit pour lui ses services, et le cœur même du roi, qui le presse toujours en faveur du vrai mérite. Il ne s'est jamais démenti par orgueil, ni par dépit, des démarches régulières qui le conduisoient pas à pas au terme de sa grandeur. S'il n'a point cessé de s'élever, ce n'a pas été par ressort, comme les enfants de la fortune. Il n'a point cessé de s'élever, parceque jamais il n'a cessé de marcher. Fermant tranquillement les yeux aux heureux progrès des autres, et content de travailler sous les yeux d'un maître éclairé, toujours juste et libéral, la loi qu'il s'est imposée, et qui a causé son bonheur, c'est que jamais il n'a rien fait qui n'invitât la justice du prince à déployer sur lui les graces et les bienfaits avec libéralité.

Voilà l'homme fidèle aux devoirs de sa naissance. Voyons s'il les remplira moins envers le prince et l'état.

SECONDE PARTIE.

N'est-il pas temps qu'un sujet revêtu de tant d'honneurs borne enfin son ambition? Non, messieurs; ses vues sont plus élevées. Il n'est encore parvenu qu'au premier degré de la force et du courage vertueux, qui consiste à faire de grandes choses. Un second degré, que jusqu'alors la prospérité de nos affaires lui avoit fait ignorer, c'est de soutenir constamment de grandes et pénibles épreuves; et ce fut là, le reste de sa vie, l'objet de sa véritable ambition, digne encore plus d'un chrétien que d'un sujet, d'un citoyen zélé et désintéressé : *Agere et pati fortia romanum est.*

Être parvenu aux honneurs, et s'en faire aussitôt un asile d'oisiveté contre la peine et le travail, d'indifférence et d'indolence aux événements, aux besoins et aux périls publics, c'est lever le masque de l'intérêt, le voile de l'ambition : c'est montrer que sous les dehors de la pure valeur et du zèle pour l'état, nous n'avons travaillé et combattu que pour nous; que nous avons été l'idole même à qui nous avons sacrifié nos sueurs et notre sang, et le public, la dupe des louanges qu'il croyoit devoir à nos services, et qu'il ne prodiguoit en effet qu'à de vaines et fausses vertus.

Le maréchal n'ignoroit pas que cette politique inconnue aux vrais gens d'honneur n'étoit que trop à la mode, et passoit même pour vertu dans l'école de ceux qui se croient les sages du temps. Il s'étoit fait bien d'autres règles de sagesse et de vertu, persuadé que nous devenons en naissant tributaires de tous nos soins, de tous les mouvements de notre vie, à la patrie où nous naissons, au prince sous qui nous vivons. Bien loin que les récompenses dont ils honorent nos services lui parussent le dispenser de leur en rendre de nouveaux, les nouveaux honneurs étoient pour lui de nouveaux liens qui l'attachoient au service; et sans croire se dégrader, quand du haut de sa fortune il se rabaissoit aux devoirs qui avoient autrefois commencé son élévation, il étoit convaincu qu'à l'égard du prince et de l'état, rien qui puisse toucher leur intérêt capital ne doit être au-dessous d'un sujet vraiment fidèle.

Il étoit parmi nous ce fidèle centenier dont notre Seigneur a fait l'éloge, aussi prompt à obéir qu'absolu à commander, rendant avec plaisir aux puissances supérieures la même soumission que lui rendoient ses soldats : *Homo sum sub potestate, habens sub me milites* [1]. « Je dis à l'un, Marche, et il « part; à l'autre, Viens, et il accourt. » *Dico huic, Vade, et vadit; et alii, Veni, et venit.* Cette sage disposition que Jésus-Christ admiroit dans cet officier comme un prodige de foi, permettez-moi, messieurs, de l'admirer dans celui-ci comme un trait singulier de son zèle toujours fidèle, et de répéter en sa faveur ces paroles consacrées : » En vé« rité, vit-on jamais rien d'égal en Israël? » *Amen, non inveni tantam fidem in Israel.*

Avec ces sentiments qui devroient être aussi communs qu'ils lui étoient particuliers, il alloit même au-devant des occasions où la sagesse et la bonté du monarque auroient eu peine à l'employer, dès qu'il y croyoit entrevoir quelque avantage pour l'état ou pour la gloire de son prince.

Il étoit destiné à commander un corps d'armée sur la Meuse, lorsqu'au premier bruit d'un des-

1 MATT. 8, 9.

sein des ennemis sur Namur, il se prévalut du séjour qu'il faisoit alors à la cour, pour obtenir la permission de préférer l'honneur de la défense de cette importante place à celui du commandement d'une armée. Il en reçut l'ordre en effet, dès que le siége eut éclaté.

Tout le monde en sait le succès. Soixante et trois jours de résistance aux foudres continuelles de la plus nombreuse artillerie que d'aussi puissants ennemis aient pu rassembler; quatre assauts généraux soutenus plutôt contre des armées que contre des détachements, sur des bastions pulvérisés et des brèches de cent toises, eurent au moins l'effet de partager la gloire de l'évènement entre le défenseur et les vainqueurs. Mais ce qui suivit en transporta sur la vertu de l'un tout l'éclat qu'il fit perdre aux autres.

Au mépris de la foi publique et de la capitulation, sur le prétexte odieux de représailles imaginées, l'ennemi se crut en droit d'insulter l'honneur et la probité même en la personne du maréchal, en le faisant arrêter lorsqu'il sortoit de la place à la tête de sa garnison. Si le prince d'Orange oublia dans cette occasion cette couleur spécieuse d'honnêteté qu'il avoit l'art de donner à ses actions, il n'eut pas le plaisir de faire oublier à Boufflers sa grandeur d'ame ni de mettre son zèle en péril de se démentir. Quoiqu'on lui fît en même temps offre de sa liberté, s'il se vouloit engager de parole à faire réparer le tort dont on se plaignoit, il ne crut pas qu'il fût de sa probité d'amuser les ennemis par des promesses ambiguës; il déclara sans balancer : « Qu'il n'avoit point de parole à don-« ner contre les intérêts et les intentions de son « maître, et que la prison ni la mort ne l'ébran-« leroient jamais. » Il écrivit en même temps au roi [1] : « Que c'étoit à sa majesté de prononcer sur « la justice ou l'injustice de leur plainte; mais qu'à « son égard il la supplioit que sa considération per-« sonnelle n'entrât pour rien dans les mesures « qu'elle jugeroit plus convenables au vrai bien de « son état; et que ce seroit toujours avec plaisir « qu'avec sa liberté il lui dévoueroit sa vie. »

Si cette constance est au-dessous de celle que tant de siècles ont admirée dans le fameux Régulus, ne l'imputons qu'à la différence des mœurs qui rendent maintenant nos inimitiés moins barbares que ne l'étoient alors celles des Carthagi-

1 Lettre de M. de Boufflers au roi, du 6 septembre 1695.

nois. Mais à l'égard des mouvements et des sentiments du cœur, c'étoient les mêmes dans Boufflers que dans cet ancien capitaine; il eût opposé le même cœur aux cruautés et aux supplices, qu'il opposoit au traitement injurieux du vainqueur; et quoiqu'il s'en tînt outragé, l'outrage lui sembla sans comparaison plus léger que la gloire d'avoir fait voir à ces fiers ennemis qu'il ne savoit, non plus que ce Romain, ni les tromper ni les craindre: *Neque timeri, neque decipi hostem voluit* [1].

Le vainqueur même en fut frappé. Peut-être mêla-t-il à l'admiration de sa vertu le repentir du procédé qui la lui avoit fait si bien connoître; et touché de sa droiture autant que de sa fermeté, las d'ailleurs des difficultés qui rendoient de jour en jour l'assemblée de Riswick plus lente à la conclusion de la paix, dont il ressentoit le besoin, il jeta les yeux sur Boufflers, pour faire passer jusqu'au roi le desir qu'il avoit de la conclure. Trois conférences à la vue des deux camps, entre le ministre de Guillaume et le maréchal, levèrent en peu de jours ce qui en faisoit le plus grand obstacle. Ainsi par de justes tempéraments la pru-

1 VALER. MAX., lib. 2, c. 9, 8.

dence de Boufflers, aussi heureuse pour la paix que son épée dans la guerre, démêla ou trancha le nœud fatal au repos public.

Ce zèle à se devouer pour la défense de Namur ne fut pas au reste une de ces saillies de vertu qui échappent quelquefois aux ames les moins vertueuses; il s'en étoit fait une si forte habitude, qu'à toutes les occasions elle se réveilloit dans son cœur. Treize ans après, chargé d'années, il arracha encore le consentement du roi, pour aller soutenir le siége de Lille.

Hâtons-nous, messieurs, et pour atteindre à ce grand évènement, foulons aux pieds, s'il est besoin, les lauriers qu'il avoit cueillis depuis le renouvellement de la guerre; comptons pour rien les Pays-Bas espagnols remis en un seul jour au pouvoir de leur vrai roi par l'entière expulsion de toutes les troupes étrangères, les Hollandois surpris par sa promptitude et défaits au combat d'Ekeren faits glorieux, qui furent en ce pays-là les derniers coups de faveur dont la fortune, en s'éloignant de nous, voulut faire honneur à Boufflers, comme à celui de nos généraux qu'elle auroit eu plus de peine à quitter, si la fortune et la vertu pouvoient être toujours ensemble.

Il va tenter tout, employer tout, pour la faire revenir à nous; et, pour peu qu'elle eût été moins aveugle, il lui en donna tout le loisir. Durant quatre grands mois, tous les jours furent signalés par quelque sortie ou quelque assaut. Chaque assaut coûtoit plus aux ennemis que des combats réguliers en rase campagne. Ils avoient renversé les remparts à coups de canon, qu'ils n'étoient maîtres encore d'aucun des dehors. Le seul chemin couvert, attaqué sept diverses fois, fut pour eux le tombeau de dix ou douze mille hommes. On se figure aisément quelle part eut le maréchal à cette prodigieuse résistance; quels mouvements son exemple, ses soins, ses discours honnêtes et engageants, sa présence assidue aux brèches et aux postes attaqués, son attention à récompenser la valeur, ses largesses, ses seuls regards, imprimoient dans tous les cœurs.

Mais quels honneurs reçut-il des ennemis, quand l'ordre exprès du roi l'obligea de capituler? Sans lui rien disputer sur les conditions, ils s'en remirent à sa prudence et même à ses égards pour la gloire de son roi. Quinze cents chevaux, commandés par des officiers généraux, l'accompagnèrent jusqu'à Douai. Tant il est vrai que la vertu n'a qu'à se faire bien connoître, pour ne point trouver d'ennemis !

Après tant de travaux, que ne goûtoit-il en repos le fruit de sa gloire, et les applaudissements que le public lui donnoit ! Mais sa gloire, ou plutôt son zèle, souffroit du peu de succès de nos armes; et bien loin de s'en consoler par les honneurs dont il se voyoit environné, tout leur éclat lui paroissoit terni par celui de nos disgraces. Les grands titres qu'il avoit acquis dans le temps de nos prospérités lui sembloient achetés à trop bas prix; il eût voulu les racheter et les mériter encore en répandant son sang pour repousser les insultes du sort.

Le roi, qui depuis long-temps connoissoit la trempe de son cœur, sembloit y lire ces sentiments; et le siége de Mons ayant fait naître l'occasion d'une nouvelle bataille, il ne fut point surpris de le trouver encore prêt à marcher. C'étoit prolonger sa vie que de lui donner lieu de la perdre pour l'état. Mais en acceptant l'honneur de partager le péril, il refusa celui de partager le commandement. Droits spécieux, préférences d'âge et de rang, jalousies d'autorité, délicatesses d'honneur, misérables intérêts, sources de tant de querelles et de tant de contestations entre les plus fameux héros, vous ne prévalûtes jamais dans le cœur de celui-ci aux mouvements de son zèle. Il promit son bras, ses conseils, sa vie, s'il étoit besoin, mais sous le même général qui commandoit déja l'armée. Il eut beau cependant se dépouiller de ses titres; il les retrouva tous dans l'estime du général, dans le respect des officiers, et dans l'affection des soldats. Entre deux guerriers pleins d'honneur, l'autorité devint commune. On ne reconnut plus dans les deux qu'un même chef.

L'armée, déja remplie d'audace, fut, à l'arrivée de Boufflers, transportée d'une émulation, d'un amour du prince et de la patrie qui fit reconnoître aux ennemis les François d'Ensisheim, de Cassel, de Fleurus, de Nervinde et de Rocroi. Après un combat sanglant de sept heures, obligé de céder au nombre et au désavantage du terrain, Boufflers enfin réduisit les alliés par cinq charges impétueuses à n'oser faire un pas pour inquiéter sa retraite. Il la fit en marche réglée, et presque en ordre de bataille, en ne laissant aux ennemis, pour toute marque de victoire, que l'avantage de passer la nuit sur les corps étendus de vingt mille de leurs soldats, et de quatre mille officiers; tandis que nous emportions leurs dépouilles avec nous, cinquante étendards ou drapeaux, achetés par la perte au plus de dix mille hommes. Ainsi par un balancement d'avantages assez nouveau, s'ils eurent le bonheur et le nom de la victoire, nous eûmes l'honneur du combat.

Mais, Seigneur, devant vos autels, à la vue du sang de l'agneau sacrifié pour la paix du monde, est-il permis de déployer tant de cruels et profanes tableaux? Ah! c'est vous, Seigneur, oui, c'est vous que nous adorons, que nous louons dans ces divers évènements. C'est votre bras qui soutient les bras de tant de nations animées à se déchirer, votre œil qui conduit où il lui plaît la fortune des batailles. Aveugles que nous sommes! En tout cela nous cherchons, disons-nous, la gloire de nos rois, la sûreté de nos provinces, la justice de nos droits. Vous, ô mon Dieu, vous y cherchez votre gloire et notre salut. Votre gloire, vous l'y trouvez. Notre salut, l'y trouvons-nous? Songeons-nous même à l'y chercher? C'est pour nous y réduire et même pour nous y forcer, qu'indépendamment de nos droits, de nos desirs et de nos vœux, vous dispensez à votre gré les succès et les disgraces, la lumière et les ténebres, les horreurs de la guerre et les douceurs de la paix. *Ego Dominus:* Je suis le Seigneur, nous dites-vous : *formans lucem, et creans tenebras; faciens pacem, et creans malum* [1]. Quarante ans de prospérités n'ont fait que nous endormir au soin de notre salut. Cinq ou six ans d'humiliations, est-ce assez pour nous réveiller? Faudra-t-il que la main de Dieu s'appesantisse plus long-temps sur nos têtes indociles? Heureux celui qui s'est montré si fidèle à sa naissance et à son roi, s'il a eu soin de se rendre aussi fidèle à sa conscience et à son Dieu! C'est par-là que des fatigues de la vie il aura passé dans l'heureuse paix des élus.

TROISIÈME PARTIE.

Ce témoignage que rend l'histoire à la vertu d'un Romain, « Que jamais il n'avoit rien fait, rien dit, « ni rien pensé qui ne fût digne de louange, » est un éloge outré, convenable à l'orgueil de la morale des païens, pour qui les passions, les vices même, étoient souvent des vertus. Dieu qui sonde et pénètre les cœurs y exerce une autre censure. Il

1 Isa. 45, 7.

nous apprend que les mœurs les plus pures ne sont point sans tache à ses yeux; que les plus vertueux ont besoin de grace durant la vie et de miséricorde après la mort.

Implorons donc pour celui-ci toute l'indulgence de Dieu; mais demandons justice aux hommes. Y en a-t-il beaucoup dans la guerre, dans la cour, dans le monde en général, dont les discours, les œuvres, les sentiments, aient eu plus de marques visibles de religion, de probité, de vérité, d'humanité, de bonté? C'est avec ce tempérament que l'on pourroit tourner cet éloge en sa faveur : *Nihil in vitâ nisi laudandum aut fecit, aut dixit, aut sensit* [1].

La religion [2], cette lampe du Seigneur, allumée au-dessus de nous pour nous guider sûrement dans les ténèbres du monde, éclaira toujours ses pas. Il n'y eut point dans sa vie d'intervalle d'obscurité qui lui pût faire regretter l'innocente candeur de ses premières années; et si par la jeunesse on entend

1 Scipion, dans Velleius Paterc. l. 1, 13.

2 Quis mihi tribuat ut sim juxta menses pristinos?... Quando splendebat lucerna ejus super caput meum, et ad lumen ejus ambulabam in tenebris? Job, 29, 2.

cet âge frivole où l'on court aveuglément à tous les fantômes du plaisir, on peut dire qu'il n'y eut point pour lui de jeunesse ni d'enfance. Ce funeste ensorcellement qui ouvre d'abord l'esprit aux bagatelles du monde, et qui cache insensiblement la connoissance du vrai bien [1]; ce charme séducteur trouva le sien fermé aux douceurs de son poison. Le desir de s'élever par les routes de l'honneur, qui fut d'abord sa passion dominante, ou plutôt sa seule passion, lui parut incompatible avec ces vains amusements dont l'oisiveté se repaît souvent aux dépens de la fortune. On eût dit que le goût de la gloire lui avoit ôté celui du plaisir. Ce ne fut point aux airs mélodieux du théâtre, ni de la bouche des héros fabuleux et passionnés, qu'il alla prendre des leçons de politesse et d'honneur; ce ne fut point aux aventures du jeu qu'il s'instruisit à soutenir les caprices du hasard, les variétés de la vie.

Exempt de ces basses passions, on ne doit pas s'étonner qu'il ait toujours joint à l'ardeur d'obéir et de plaire au roi, le plus auguste des rois, la crainte et le respect de celui sous qui les rois tremblent; et que la religion, le zèle de sa pu-

1 Fascinatio nugacitatis obscurat bona. Sap. 4, 12.

reté, l'indignation même et la douleur de la voir déshonorée par l'hypocrisie et l'impiété, aient toujours éclaté dans ses sentiments et dominé sur sa conduite.

Il laissoit au zèle éloquent le soin de se déployer contre les désordres publics, et bornoit le sien à s'opposer au torrent de la corruption par l'intégrité de sa vie. S'il ne faisoit pas, comme Gédéon, la guerre aux Madianites, aux pécheurs hardis et scandaleux, la trompette sonnante, et le feu ardent à la main [1], peut-être avec plus de succès, sans bruit et sans ostentation, sur-tout sans affectation, marchant au milieu d'eux à sa manière et d'un pas toujours égal, il avoit sur eux le même effet que le miroir que l'on présente aux visages disgraciés : il leur mettoit, sans le vouloir, leurs défauts devant les yeux ; et s'il n'étoit pas assez heureux pour leur rendre la vertu aimable, au moins la leur rendoit-il respectable malgré eux ; pareil aux chrétiens des premiers temps, qui, comme dit Tertullien, confondoient par leur seul

1 Dedit tubas in manibus eorum, lagenasque vacuas, ac lampades in medio lagenarum. Jud. 7, 16.

abord tous les philosophes du paganisme : *De occursu vitia suffundens*[1].

Indifférent pour les richesses, il ne sentit jamais ni d'ardeur pour en amasser, ni de peine à les répandre. Attentif également à la pureté de leur source et à celle de leur emploi, comme il eût rougi de les faire servir au vice et à ces honteuses passions qui tarissent chez tant de gens l'abondance et l'opulence, il n'eût pas voulu les devoir à la violence, à l'injustice, à nul de ces moyens que la licence de la guerre fournit impunément à ceux qui s'en veulent servir.

Job osoit attester la justice même de Dieu, que jamais il n'avoit fait tort à personne, et ne s'étoit point enrichi de la misère d'autrui. Ce n'étoit cependant qu'à l'égard de ses sujets, de ses citoyens tout au plus, qu'il se rendoit ce témoignage. « Oui, » disoit-il[2], « si ma terre crie contre moi, « si j'en ai mangé les fruits sans les payer, si j'ai « affligé le cœur de ceux qui l'ont cultivée, qu'elle

1 TERTUL. de pallio, c. 6.

2 Audiat Omnipotens... Si adversum me terra mea clamat, si fructus ejus comedi absque pecuniâ, et animam agricolarum ejus afflixi, pro frumento oriatur mihi tribulus. Job, 31, 38, etc.

« ne me rende plus que des ronces pour moisson: » *Si adversum me terra mea clamat.*

Ah! ce ne sont point les vassaux de ce fidèle serviteur, ses terres ni ses champs, que j'appelle sans crainte au tribunal du Seigneur : ils n'y porteront que des vœux pour son salut, en reconnoissance des secours que sa charité fournissoit à leurs misères, sur-tout dans les derniers temps. Vous-mêmes, terres ennemies, pays désolés depuis quarante ans par le fer et par le feu, champs où le sang de tant de morts a jeté de si hauts cris vers le ciel, vous en avez souvent poussé contre la dure nécessité des lois, des précautions et des besoins de la guerre : en avez-vous poussé quelqu'un contre l'inhumanité, l'avarice ou la cruauté d'un cœur qui sentoit toutes vos misères, et prévenoit vos sanglots par les siens? a-t-on vu étaler chez lui les dépouilles de vos provinces? Il avoit l'ame aussi noble qu'Abraham, qui dédaignoit de s'enrichir, non-seulement des dépouilles des ennemis, mais des présents même des peuples qu'il avoit secourus et défendus. De quel œil eût-il donc vu chez lui des biens teints du sang des pauvres? Comment se fût-il récrié avec le père des fidèles: « Non, j'en lève la main au Seigneur, vous ne vous

« vanterez jamais d'avoir enrichi Abraham : » *Levo manum meam ad Deum excelsum.... ne dicas : Ego ditavi Abraham* [1].

Par une pareille fierté, ce digne fils d'Abraham, trop content d'avoir Dieu pour auteur de sa fortune, et son roi pour dispensateur des dons et des bienfaits de Dieu, ne connoissoit point d'autres sources d'opulence; et, comme il ne brilloit que de leurs libéralités, il étoit libéral et prodigue pour leur service.

Ne croyez pas, messieurs, que je lui veuille faire un mérite devant Dieu des dépenses magnifiques dont il honoroit quelquefois dans les occasions d'éclat la majesté de son roi : la fumée de ces pompes et de ces fêtes profanes se rabat ordinairement vers la terre, et va rarement jusqu'au ciel. Mais ce penchant vertueux encore plus que naturel à tendre ses mains secourables au mérite négligé, à faire revivre aux yeux du monarque et de ses ministres les services noyés dans l'oubli, à se rendre caution du zèle des officiers dont il connoissoit la valeur, à les demander pour associés de ses travaux et de sa gloire, à excuser les fautes

[1] Genes. 14, 22.

imprévues où, malgré eux, le hasard les engageoit : étoit-ce une miséricorde indigne des regards de Dieu ?

Non, ne nous imaginons pas que la seule mendicité soit l'objet de la charité prescrite par l'évangile : il y a dans les hautes conditions une espèce d'indigence d'autant plus digne de pitié, qu'étant couverte de faux brillants, elle n'a rien au dehors qui sollicite pour elle. *Oculus fui cæco et pes claudo,* disoit Job [1]. Être le pied de ceux dont la fortune est chancelante et hors d'état d'avancer ; être l'œil de ceux qui s'égarent, et qui, faute de conseil, s'engagent dans les écueils, n'est pas une aumône moins sacrée que celle qui met le pain dans la bouche des faméliques, et qui déchire son manteau pour en revêtir les nus.

Mais quand le ciel ne s'ouvriroit qu'à cette sorte de charité qui s'attache au besoin des misérables, avec quel épanchement de tendresse et d'humanité voyoit-on ce guerrier chrétien visiter après les combats les officiers couverts de plaies, et répandre l'argent dans les mains des moindres soldats ! C'est ce qu'il fit à Steinkerque, à Namur, à

1 Job, 29, 18.

Lille, et par-tout où la valeur malheureuse avoit besoin du secours de la charité. C'est encore ce qu'il fit dans les horreurs de la dernière famine, en partageant le pain, pour ainsi dire, de sa table avec les pauvres de la campagne, et se reconnoissant le père de ceux qui le reconnoissoient pour seigneur. Aussi rendoit-on par-tout justice à sa vertu pure et désintéressée.

Il y parut, lorsqu'au premier bruit d'une émotion que la stérilité, la famine et l'avarice avoient excitée dans Paris, il se porta de tous côtés dans les places et dans les rues; et joignant à l'autorité de ceux qui présidoient à la sûreté publique le poids de sa réputation, l'éloquence de ses mœurs encore plus que de ses discours, il étouffa la voix non-seulement de la sédition, mais de la plainte même et du murmure. L'audace, irritée par la misère, devint respectueuse et muette devant lui. Populaire, non pas par bassesse, par flatterie, par ces vaines insinuations dont le peuple laisse quelquefois amuser sa crédulité, mais comme cet ancien consul [1] si puissant autrefois sur le plus fier

[1] L. Cassius multum potuit, non eloquentiâ, sed dicendo tamen : homo ipsâ severitate popularis. CICERO, de claris orator, n. 97.

peuple du monde; populaire, dis-je, comme lui, par sa gravité et par sa sévérité : *Ipsâ severitate popularis.* On révéroit en lui l'implacable ennemi de la violence, du pillage, de la fourberie, de l'avarice, et de tous ces vices odieux qui font la misère des peuples et la désolation des états. Il ne faut que haïr ces barbares passions pour se faire adorer des peuples les plus barbares : *Ipsâ severitate popularis.*

Quelle eût donc été l'affection publique, et même l'admiration, si l'on eût pu voir de plus près sa conduite dans sa famille, le soin qu'il prenoit d'en bannir le faste insolent, le luxe dissolu, la folle joie, la discorde, l'inimitié? Qui n'eut été touché d'y voir par-tout l'ordre et la paix, l'image du silence et de la dignité, qui règne dans les lieux sacrés plutôt que dans les palais des grands? Quelle idée nous rappeloit cette fidèle et heureuse maison, de ces tentes d'Israël où les pères et mères étoient les rois de leurs enfants, comme les rois les pères de leurs peuples!

Et c'est, messieurs, dans l'innocence et la douceur de ces pieux sentiments que la mort a surpris... parlons plus correctement, que la mort a trouvé le sage chrétien dont le salut fait aujourd'hui l'objet de nos tendres vœux et de nos justes espérances. Il n'y a de surprise dans la mort que pour ceux dont l'esprit est enseveli dans la chair et ne songe point au départ. Outre les réponses de mort qu'il entendoit au-dedans de lui-même éclater depuis trois ans par de vives et fréquentes douleurs, il y avoit long-temps qu'il ne tenoit plus à la vie. Toujours prêt à l'exposer pour sa patrie et pour son roi, comment eût-il eu peine à la remettre entre les mains de son Dieu? La crainte de ses jugements, quoique redoutables aux plus justes, n'est dépourvue d'espérance et de confiance en sa bonté que pour les ames terrestres, intéressées, charnelles, doubles; et vous l'aviez, Seigneur, préservé de tous ces défauts. Un cœur tel que le sien étoit incapable de feindre; et dès que nous savons qu'il a déposé ses péchés dans le sein de votre Église, et vous a demandé pardon, peut-on douter qu'il ne l'ait obtenu, et que la grace qu'il a reçue des mains de ceux à qui vous avez confié les clefs du ciel n'ait été couronnée dans le ciel de vos dernières miséricordes?

Hâtez-lui donc, Seigneur, la possession de ces trônes brillants que vous avez promis, non pas aux vainqueurs des nations et des royaumes du monde, mais aux vainqueurs de leurs passions, que vous avez destinés pour être au dernier jour les juges du monde; et si nous osons, Seigneur, à ses intérêts éternels mêler nos propres besoins, conservez toujours parmi nous, pour l'utilité publique et pour l'honneur des hautes conditions, non-seulement le souvenir, mais l'exemple de ses vertus. Qu'elles subsistent dans son sang; et pour cela, que son sang subsiste toujours pur dans les siècles à venir. Après que vous avez donné au père les mêmes graces qu'autrefois vous aviez données au fidèle et intrépide Caleb, la valeur et la vertu jusqu'à la fin de sa vie : *Usque in senectutem permansit illi virtus*[1]; ajoutez-y la dernière bénédiction dont la postérité de ce patriarche fut comblée; faites que la sienne possède son héritage après lui : *Et semen ipsius obtinuit hæreditatem.*

S'il a eu la douleur de voir mourir avant lui ce fils précieux, que la bonté du prince avoit déja revêtu de ses honneurs et que votre grace disposoit à succéder aux qualités de son cœur; s'il a eu la force, ô mon Dieu! de vous en faire le sacrifice, et s'il a maintenant la joie de se trouver

1 Eccli. 46, 11.

en état de vous posséder avec lui, soutenez ici-bas notre foiblesse, en nous faisant voir de nos jours que la postérité des justes est chère à votre providence. Que ce jeune enfant qui, tout tendre qu'il est, est maintenant l'unique espoir d'une nombreuse famille, assez heureux pour avoir à cinq ans attiré sur lui les effets les plus singuliers de la magnificence et de l'affection de son roi, les plus solides fruits des longs services de son père, soit encore assez heureux pour avoir le temps de les mériter par l'imitation d'une vie tissue de travaux et de vertus! Il aura le regret de ne s'en instruire, hélas! que par la voix de la renommée, non pas par ses propres yeux; mais il aura le plaisir de les entendre louer par-tout où Dieu et les rois auront des sujets zélés, désintéressés et fidèles, « afin que tout Israël, » comme dit la sainte parole, « éprouve et publie à jamais qu'il est avantageux » en toute manière, et pour la terre et pour le ciel, « de plaire et d'obéir au Dieu saint » : *Ut videant omnes filii Israel quia bonum est obsequi sancto Deo*[1].

1 Eccli. 46, 12.

FIN.

TABLE
DES PIÈCES CONTENUES
DANS CE VOLUME.

FIN DE LA TABLE.

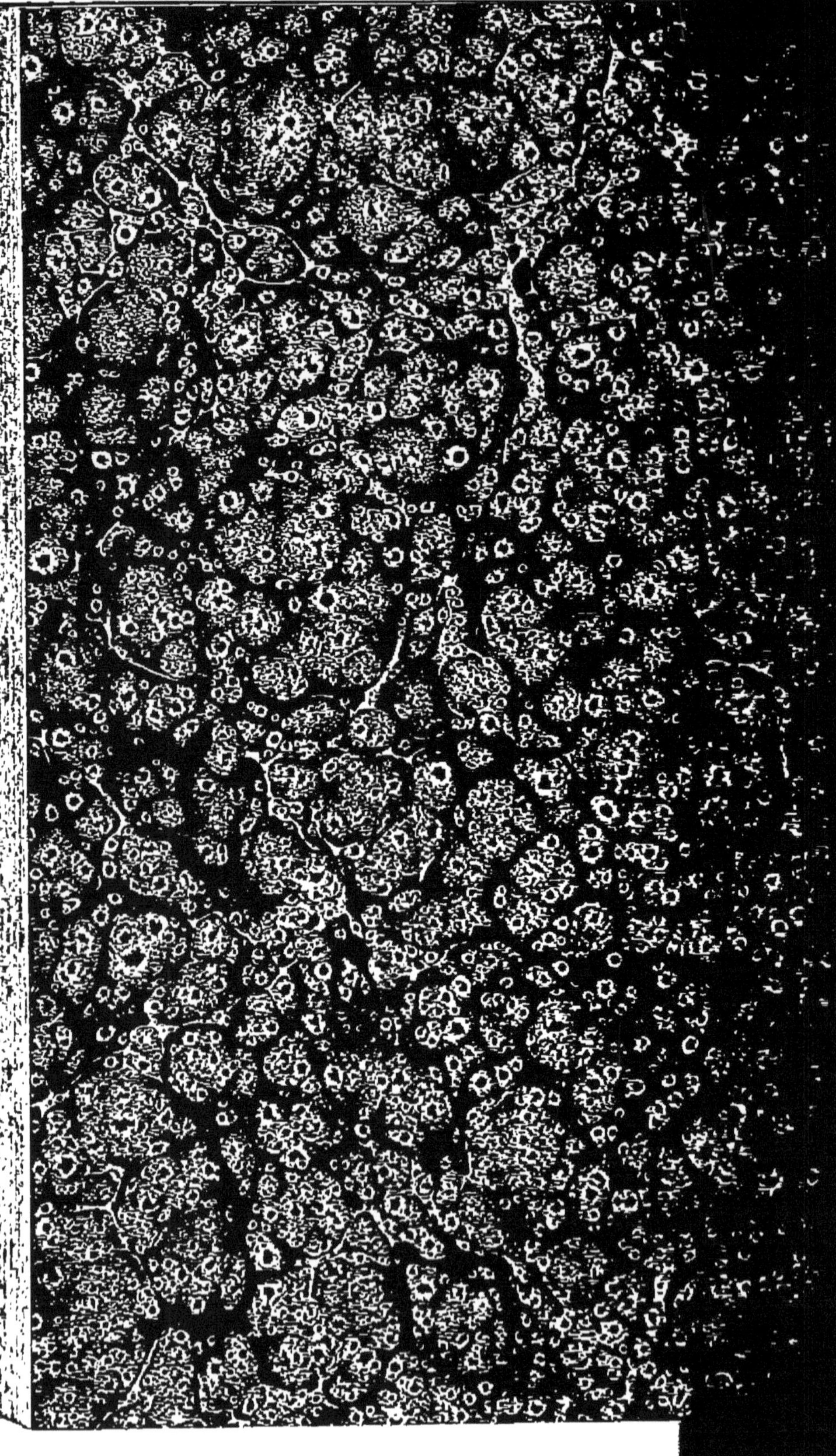

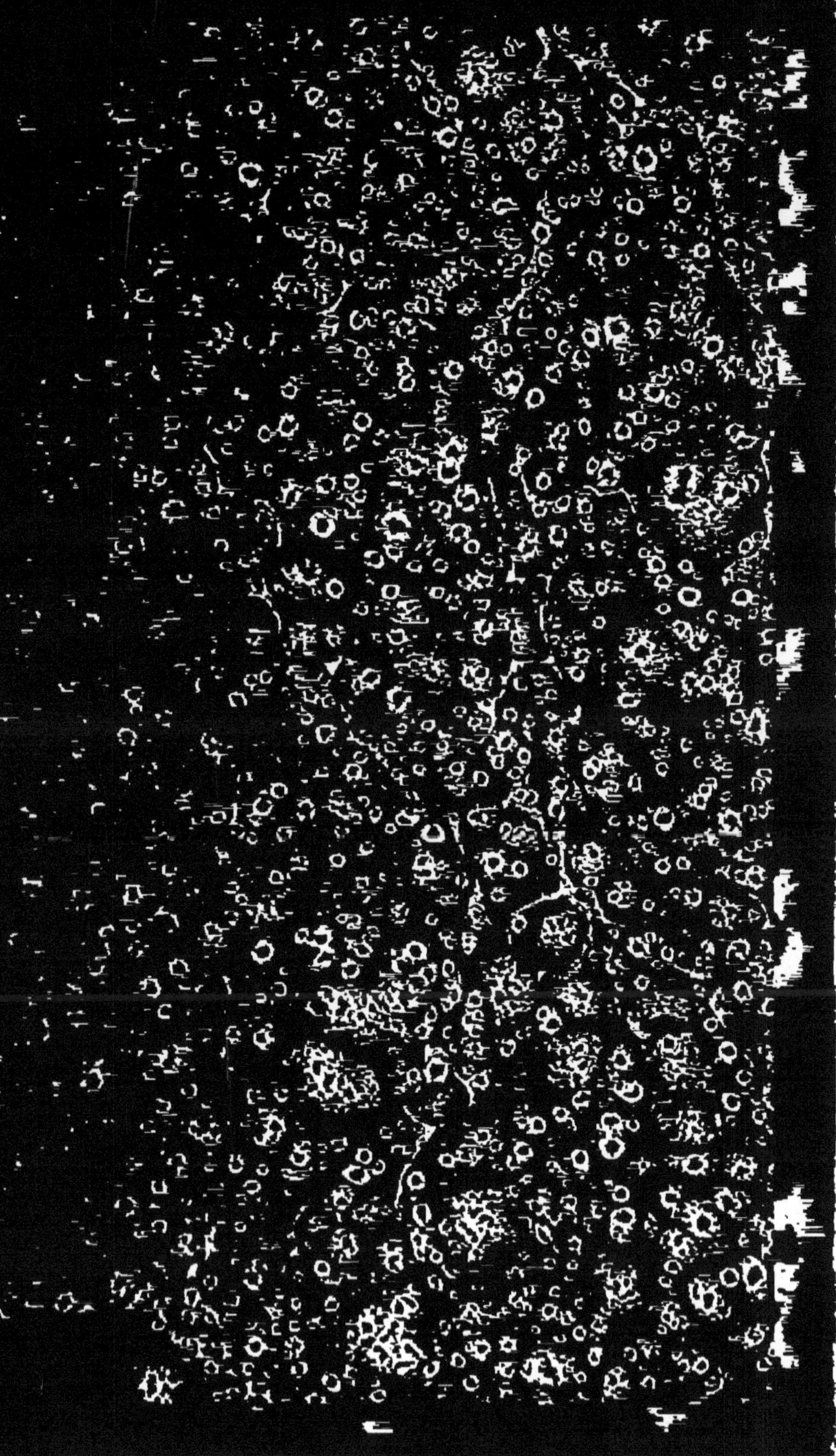

www.ingramcontent.com/pod-product-compliance
Ingram Content Group UK Ltd.
Pitfield, Milton Keynes, MK11 3LW, UK
UKHW021846190726
13855UKWH00001B/172

9 782013 365932